STAOUÉLI

—

3ᵉ SÉRIE IN-8°.

Eugène Ardant et Cⁱᵉ

STAOUÉLI

HISTOIRE DU MONASTÈRE

DEPUIS SA FONDATION

SUIVI DE

UNE EXCURSION A ORAN, MISSERGHIN,
BISKRA, ETC.

PAR

E. DELAUNAY.

LIMOGES

EUGENE ARDANT ET Cie, ÉDITEURS.

A DOM FRANÇOIS RÉGIS

HOMMAGE RESPECTUEUX

Rome, 1er janvier 1877.

STAOUÉLI

I

Le 10 août 1843, deux Trappistes s'embarquaient à Toulon à bord de l'*Etna*.

La traversée fut heureuse et, cinquante heures après, la svelte frégate entrait fièrement dans la rade d'Alger, d'Alger la blanche (*Djezaïr-el-bahadja*), d'Alger désormais la bien gardée !

Dans notre jeune colonie, que venaient faire ces deux religieux ?..... Tout simplement planter dans une plaine inféconde et stérile une modeste croix de bois.

Mais, l'un de ces deux religieux s'appelait Dom François Régis, la plaine avait nom Staouéli, et,

sur la croix de bois plantée par les deux Trappistes, allaient bientôt venir s'attacher, coura-
geuses abeilles, le premier essaim de la ruche
d'Aiguebelle.

Mille hectares étaient concédés, soixante-deux
mille francs prêtés, cinquante condamnés militaires promis, et, sur l'ancien champ de bataille,
allait bientôt flotter le pacifique étendard des enfants de saint Benoît.

On allait fonder une Trappe, ce vivant symbole
du travail, de la prière et de la charité.

Le R. P. François Régis était venu le 18 août
visiter l'emplacement du futur monastère, le sur-
lendemain il revint le bénir.

Sous les mouvants arceaux des vieux palmiers
qui contemplèrent notre gloire, un humble autel
de gazon est dressé; la voûte azurée du ciel lui
sert de tenture, des tronçons de palmes supportent les flambeaux.

Dom Régis asperge d'eau bénite et purifie ces
lieux souillés par l'infidélité revêt les ornements
sacrés, et avec le sacrifice de lui-même et de ses
futurs compagnons, offre à Dieu la victime dont
le sang divin doit féconder et rendre méritoires

leurs travaux, leurs privations, leurs souffrances.

Cette touchante cérémonie s'achève, et déjà l'on voit poindre la petite armée de travailleurs que l'on attendait.

Sept sapeurs du génie, des condamnés militaires, des surveillants, précèdent plusieurs voitures chargées d'objets de campement et d'outils indispensables.

Les tentes sont dressées, le soir tombe, et la fumée des bivouacs monte vers le ciel en spirales blanchâtres.

Le lendemain, 21 août, l'aube naissante voit tout le monde au travail. Les charpentiers construisent des baraques, les maçons se mettent à la recherche des carrières de pierre, de sable ; ceux-ci défrichent, ceux-là nivellent le sol, d'autres enfin creusent les fondations du nouveau monastère.

Quelle vie, quelle animation, quelle surprenante activité dans cette plaine, il y a deux jours encore si morne et si déserte.

Un mois se passe, et les premiers frères d'Aiguebelle arrivent, et la première pierre de Notre-Dame de Staouéli est posée.

Cette pierre repose sur un lit de boulets recueillis par les ouvriers sur l'ancien champ de
bataille. Sa place est aujourd'hui dans la partie
du cloître qui longe l'église, et sous la statue de
la Mater Dolorosa qui s'y trouve. Elle fut posée
le 14 septembre 1843, jour de l'Exaltation de la
sainte Croix, par monseigneur Dupuch, premier
évêque d'Alger, en présence de S. E. le maréchal
Bugeaud, gouverneur général de l'Algérie, et d'autres notabilités d'alors.

Quant à ces frères d'Aiguebelle qui furent les
premiers au péril, il est juste qu'ils soient les
premiers à l'honneur. Voici leurs noms : R. P.
Jean-Marie et P. Hilaire, religieux de chœur;
FF. Jacques, Camille, Symphorien, Mathieu,
Dorothée, Mathias, frères convers; FF. Casimir, Maxime, Remy, Abraham, novices.

Les constructions avancent rapidement, mais
la question du défrichement n'est pas encore
abordée. C'est le but principal à atteindre, et,
pour ne le jamais perdre de vue, le R. P. Dom
Régis prend une plume, et, en tête d'un registre,
écrit ce qui suit :

COLONIE DE STAOUÉLI.

Au nom de Dieu et de Marie est commencé le présent livre.

« Ce que je me propose d'enregistrer ici, jour
» par jour, et année par année ce n'est pas l'his-
» toire du monastère de Staouéli, c'est unique-
» ment le détail des travaux agricoles exécutés
» sur la concession faite aux Trappistes par le
» gouvernement.

» Ce qui me détermine à en tenir une note
» exacte, c'est :

» 1° Que l'acte par lequel le territoire de
» Staouéli a été concédé aux Trappistes, les
» oblige à exécuter des travaux de différentes
» natures, de telle sorte que la propriété, posses-
» sion et jouissance définitive de ces terrains ne
» pourra leur être adjugée que lorsque ces tra-
» vaux auront été terminés;

» 2° C'est qu'ayant reçu de l'administration
» des subventions de plusieurs sortes, je puisse
» au besoin prouver que les Trappistes n'ont rien
» négligé pour seconder sa bienveillance, et qu'ils
» ont mis à profit tous les moyens dont ils ont

» pu disposer, pour donner à leur domaine toute
» la valeur possible, en retirer des revenus pro-
» portionnés à leurs efforts, se rendre utiles à la
» colonie et répondre par là aux vœux du gou-
» vernement;

» 3° Enfin je veux, en ayant constamment
» sous les yeux ce qui aura été fait, mieux juger
» de ce qui restera à faire, et, par là m'encou-
» rager moi-même aussi bien que les enfants que
» la Providence a rassemblés autour de moi, à
» parvenir au plus tôt à cet état désirable que
» saint Benoît signale dans sa règle, lorsqu'il dit :
» *Mes disciples seront véritablement moines, alors*
» *qu'ils vivront du travail de leurs mains comme*
» *nos pères et les Apôtres* (Règle, chap. XLVIII). »

Et voilà que ce journal des travaux des champs
enregistre, avec la naïve simplicité des vieux
âges les héroïques efforts de la lutte engagée
entre la lande sauvage de l'islam et la charrue
chrétienne.

Plus on avance dans la lecture de ce biblique
récit, plus on est émerveillé.

La terre est couverte de marais stagnants et
pestilentiels : vite on ouvre de larges fossés pour

l'écoulement des eaux, on capte, on dirige les sources ; le palmier-nain résiste à la pioche : on invente des scarificateurs ; des roches s'opposent au passage de la charrue : on les fait sauter à coups de mine, et les bœufs, pliés sous le joug, creusent sans cesse un nouveau sillon.

Et le grain tombe dans une bonne terre, et, comme celui de l'Evangile, rend cent pour un ; et les jeunes plants d'orangess, rafraîchis par une eau courante et limpide, prennent de la force et font déjà songer à leurs futures moissons de fleurs et de fruits : boutons d'argent, pommes d'or.

On suit ainsi pas à pas le travail assidu, persévérant des Trappistes, on applaudit à leur courage, on se réjouit de leurs succès, on entrevoit la récompense... Elle n'est que dans le ciel, pour le moine comme pour nous tous !

> Ic-ibas, la douleur à la douleur s'enchaîne ;
> Le jour succède au jour, et la peine à la peine.
>
> (LAMARTINE. *Médit. poét.*)

II

En 1844, le voyageur qui, nouvellement arrivé de France, venait, par un beau jour d'été, visiter la trappe de Staouéli, ne se lassait pas d'admirer son site enchanteur, ses jeunes cultures, ses naissants travaux.

Sous un ciel mat, foncé au zénith, plus pâle à l'horizon, il voyait d'un côté se dessiner les vaporeux contours, les lignes onduleuses de l'Atlas; de l'autre s'étendre la mer toute bleue sur laquelle, au loin, quelques voiles errantes découpaient leur blanc triangle, pareil aux ailes relevées en ciseaux d'un goëland qui pêche.

Devant lui se déroulait la plaine immense, avec ses lauriers-roses groupés en buissons, ses arbousiers aux fruits éclatants, ses lentisques, ses jasmins sauvages; puis cent hectares de terres en culture, puis, riant pour ainsi dire sous ses yeux, de plantureux jardins et de verdissantes pépinières.

L'étonnante beauté du ciel, l'excessive pureté de l'atmosphère faisaient valoir les moindres reliefs et les plus légères teintes de ce riche décor.

Ici, des cactus énormes à palettes hérissées; là, des oliviers étendant leurs bras noueux où tremble un pâle feuillage puis, tout le long des talus, d'immenses aloès avec leurs feuilles pointues comme des glaives et leurs hautes hampes fleuries qui semblent des candélabres de bronze.

Notre voyageur entendait dans l'air sonore la voix grêle des troupeaux, le tintement irrégulier de leurs sonnettes et les petits cris joyeux des bergeronnettes et des lavandières.

Et, songeant aux Trappistes qui vivaient au sein de cette belle nature, il était tenté de s'écrier: « Bon Dieu! que de bonheurs tu donnes à tes pauvres! *Deus bone, quanta pauperibus procuras solatia.* » (Saint Bernard.)

Ah! qu'il vienne les voir, ces religieux; qu'il entre dans cette sordide baraque en planches où ils vivent pêle-mêle avec leurs animaux. Sous le léger abri qui ne les défend ni contre le froid de la nuit, ni contre les ardeurs du soleil africain, tous sont dévorés de fièvre, tous gisent languissants.

Alors qu'ils habitaient leur douce et paisible Aiguebelle, ils étaient pleins de force, de sève et de santé. Un jour, leur supérieur leur avait dit :

— « Allez en Algérie, » et ils étaient partis, et ils étaient venus sur ce sol hérissé de stériles bruyères, de lentisques, de tristes et perpétuels

palmiers nains : landes sauvages d'où les hyènes
et les chacals s'enfuyaient à leur approche.

Tâche ingrate, à coup sûr, et pénible labeur que
de défricher cette plaine de Staouéli ; mais Dieu
était avec eux, et l'effort n'était pas au-dessus de
leur vaillante énergie, le péril au-dessus de leur
intrépide héroïsme. Ils s'étaient mis immédiatement à arracher les palmiers nains, pied à pied,
brin par brin, et quand, par derrière eux, le palmier repoussait ils étaient retournés sur leurs
pas et s'étaient courbés de nouveau sur leurs
reins brisés pour l'arracher de nouveau.

Cependant, le printemps avait eu de longues
pluies et d'épais brouillards ; puis, un soleil de
feu survenant tout-à-coup, des effluves morbides
et des miasmes pestilentiels s'étaient dégagés
des sillons nouvellement ouverts. La fièvre était
apparue, et la mort, qui en connaissait bien le
chemin, avait passé et repassé sans cesse sur l'ancien champ de bataille. Au signe qu'elle lui avait
fait, il y avait toujours eu un Trappiste qui avait
abandonné la charrue. En moins de deux mois
dix religieux avaien' succombé. Ils n'étaient pas
morts tout d'un coup. On les avait vus, les uns

après les autres, se traîner des semaines entières
autour des nouvelles constructions, les joues
creuses, le regard brûlant, la démarche chance-
lante; puis, un jour était venu où la fosse toujours béante du cimetière s'était refermée sur
chacun d'eux; et, frères en sacrifice, tombés
tous deux au même champ d'honneur, le Trappiste était allé reposer auprès du soldat.

Vous qui avez semé dans les larmes ce que
d'autres récoltent maintenant dans la joie, ouvriers de la première heure, courageux enfants
d'Aiguebelle, soyez bénis!

Lecteur, si vous alliez à Staouéli, répondez :
quitteriez-vous le monastère sans vous être age-
nouillé sur leurs tombes?

Les pères et les frères que la mort avait épar-
gnés, consumés par la fièvre et ne pouvant même
plus, dans leur extrême faiblesse, psalmodier
(vos louanges, ô mon Dieu!) — comptaient avec
regret la longue suite des heures qui s'écoulaient
pour eux dans l'inaction et la stérilité. Les novices, moins forts contre l'épreuve, fatiguaient leur
âme à prévoir la fin de leurs maux, et suivaient
d'un long regard de tristesse, sur les flots bleus

qui scintillent, quelque blanche voile fuyant à l'horizon.

Cette année-là, on eût dit que tous les malheurs de ce monde s'étaient donnés le mot pour fondre sur la naissante colonie. Tantôt c'était un des murs de l'église, mur élevé à la hauteur de six pieds, qui, ruiné par les pluies, s'écroulait subitement; tantôt les sauterelles, qui en quelques jours dévoraient la récolte, puis, et toujours et sans cesse, la mort qui revenait sur ses pas et prélevait une nouvelle victime. Ajoutez, pour achever ce tableau, une bourse vide, des constructions à peine commencées et déjà interrompues, nul crédit, nulle ressource.

Dom Régis ne perdit pas courage.

Il fit transporter ceux de ses frères qui étaient les plus gravement atteints à Mustapha-Supérieur, dans la villa que l'évêque l'Alger venait de mettre à sa disposition, puis il s'efforça, par l'autorité de sa parole, de ranimer les quelques religieux qui lui restaient.

Leur rappelant l'admirable patience dont les premiers fils de saint Bernard firent preuve en 1115, lors de la fondation de Clairvaux, il leur dit :

« La mort les décimait comme vous, et, comme vous, ceux qui survivaient, consumés par la fièvre, traînaient une vie inutile et languissante; mais, bien que chaque jour leur apportât comme un flot renouvelé d'invincible tristesse, ils demeuraient pleins de confiance en la bonté de leur Père céleste, répétant avec le saint homme Job : *Il n'est rien arrivé que ce qui a plu au Seigneur; que son saint nom soit béni!*

» Leur confiance ne fut pas trompée. Un jour que saint Bernard, les yeux baignés de larmes, était prosterné sur les marches de l'autel, implorant pour ses frères la miséricorde du Sauveur, tout-à-coup, dans le profond silence du sanctuaire, une voix suave, éblouissante, d'une douceur infinie, se fait entendre, et, toute miraculeuse, toute céleste, prononce ces paroles :

— » *Bernard, lève-toi. Ta prière est exaucée!*

» C'est cette même voix, dit encore Dom Régis, en s'adressant à ses frères qui me parle encore dans ce moment au fond de mon âme. Elle m'annonce que Dieu nous a pris en compassion, que nos forces vont renaître et la mort s'éloigner. Revenus à la santé, remettons-nous donc sérieusement au travail, et laissons se lever l'avenir avec cette modestie que Dieu donne à tout ce qu'il fait et qui en ôte la gloire aux hommes par la lenteur du succès. Pourvu que nous soyons humbles, vraiment et uniquement à Dieu, prêts à périr ou à vivre, nous ne pourrons manquer, dans la chute ou dans la réussite de notre entreprise, des consolations que le Sauveur Jésus, notre ami et notre maître, réserve à ceux qui, ayant tout quitté pour lui, ont fait tout ce qu'ils pouvaient. Et maintenant, *sursum corda!* courage, mes frères bien-aimés! mettons notre confiance en notre saint père Bernard, il ne laissera pas périr cette œuvre qui est la sienne. Surtout, invoquons sa reine et notre reine, sa gloire et notre gloire, la clémente, la douce, la pieuse vierge Marie. Qu'elle soit désormais la gardienne de Staouéli. Ah! puissions-nous bientôt ériger son image à l'ombre de nos palmiers, son image bénie, sous laquelle nous écrirons ces mots :

» *Posuerunt me custodem.* »

Ainsi parlait Dom Régis, et l'affliction s'éloignait du cœur des pauvres moines, et ils éprouvaient un réel soulagement dans tout leur être, soulagement inattendu, surprenant pour le regard des hommes, mais non pour le regard de Dieu.

A dater de cette consécration qui mettait ainsi la nouvelle Trappe sous la protection de Marie de Staouéli, ce fut un vrai miracle. La fièvre disparut subitement, les fraîches roses de la santé refleurirent sur les joues des jeunes novices, les yeux des pères reprirent cette vivacité singulière dans le regard des Trappistes; et l'appétit revenant à tous, l'argent affluant de tous les côtés à la fois, on se remit à jeuner et à construire avec un merveilleux entrain.

Monastère, église, grange, ferme-modèle, ateliers, on bâtissait tout à la fois. Tout se commence, se poursuit, s'achève avec une vertigineuse rapidité.

Le lecteur nous pardonnera de nous être si longuement étendu sur ces jours heureux et tristes, sur ces jours dévorés par le travail et l'enthousiasme, et qui virent fonder Staouéli. En retrouvant dans ces pages le parfum de ses plus chers souvenirs, il nous pardonnera surtout celui qui le premier donna la vie au monastère que nous allons visiter, œuvre admirable, bâtie pour les siècles avec les efforts d'un jour.

Dom Régis n'a pas connu les joies du moissonneur, ces joies mesurées aux sueurs qui tombèrent avec le grain de blé dans les premiers sillons. Ses frères, qu'il a soutenus, encouragés dans les efforts de la lutte; ses fils, qu'il a enfantés, par une surabondance de force et d'amour, à la vie religieuse, sont disparus ou disparaissent peu à peu. Que le temps fasse encore un pas, et l'oubli descendra sur lui, et le silence couvrira son nom. Nul ne le prononcera plus... excepté vous, pierres de Staouéli, qui gardez à jamais l'empreinte de sa grande âme !

« *Si hi tacuerint, lapides clamabunt!* »

III

Ce qu'on a dit des peuples on peut le dire, à plus forte raison, des monastères : ceux qui sont heureux n'ont pas d'histoire.

Désormais, Staouéli est fondé, désormais les années ne vont plus lui apporter dans leur cours rapide que des jours bénis et des moissons fertiles.

Le peu d'étenaue que nous avons donné à
notre modeste étude ne nous permet pas de suivre la nouvelle Trappe dans son magnifique
épanouissement. Un tel travail serait au-dessus
de nos forces et demanderait tout un gros volu-
me. Resserré par l'espace, citons seulement quelques dates.

Le 11 juillet 1845, Grégoire XVI érige le
prieuré de Staouéli en abbaye; le 15 décembre
1849, un titre définitif de propriété est délivré à
la Trappe de Staouéli pour la concession qui lui
avait été provisoirement attribuée; le 20 octobre
1854, Dom Régis donne sa démission, devient
procureur de l'ordre et est provisoirement rem-
placé à Staouéli par le R. P. Timothée, peu après
abbé de la grande Trappe; enfin, le 21 novembre
1856, le R. P. D. Dom Augustin, prieur, est élu
abbé de Staouéli.

La première partie de notre tâche est achevée,
et nous nous empresserions déjà de heurter à la
porte du monastère si un scrupule, que le lecteur
a déjà compris, n'arrêtait notre main.

Avons-nous une plume assez pure, assez déli-
cate pour écrire la vie des religieux qui vivent

dans cette nouvelle Thébaïde, et n'est-ce pas de
notre part témérité grande que de venir ainsi
soulever le voile épais qui recouvre tant de saintes mortifications, de si pieuses austérités?

Sans doute, bien d'autres avant nous, poussés
par la curiosité, ont franchi cette porte devant
laquelle nous nous arrêtons, hésitant; mais tous
ou presque tous n'étaient pas invités comme nous
à jouir, pendant tout un mois, de la douce intimité
des moines.

Ne sera-ce donc pas méconnaître l'affectueuse
hospitalité qu'ils nous préparent que de livrer à
la publicité les mystérieux tableaux de leur vie
pénitente?

Que le fait suivant nous serve d'excuse.

C'était dans un club à Alger, au bon, au vrai
moment, en septembre 1870.

L'assemblée était orageuse. Elle agitait la
question de savoir comment, enfin établie en Algérie, la Commune se procurerait l'argent nécessaire à son fonctionnement.

— « Dans la poche des conservateurs, hur-
laient les frères et amis. »

— « Très-bien, reprenait l'orateur, je suis

complètement de votre avis, mais ces **conservateurs** peuvent, quoique ce ne soit pas **dans leur**
habitude, s'unir entre eux, se défendre **et** con-
server ce qu'ils possèdent. »

La discussion menaçait de traîner en longueur,
lorsqu'un citoyen, cravate rouge, chapeau mou,
barbe révolutionnaire, demanda... non, prit la
parole.

— « Citoyens ! s'écria-t-il d'une voix **formida-
ble** et que l'absinthe n'avait pas encore **trop**
éraillée, citoyens, quelle est la question?... Nous
voulons de l'argent, beaucoup d'argent. **Rien de**
plus simple. Allons à Staouéli. Nous en trouve-
rons chez ces êtres inutiles qui, abrutis par **la**
superstition, ont renoncé aux droits imprescripti-
bles de l'humanité, chez ces frelons de la **ruche**
démocratique qu'on appelle les Trappistes. »

Cette motion, couverte d'applaudissements fré-
nétiques, fut mise aux voix et adoptée à l'unani-
mité.

Hélas ! c'est le destin.

« On ne fait pas toujours tout ce qu'on se propose,
» Et le chemin est long du projet à la chose. »

La gendarmerie coloniale ne laissa pas aux

abeilles de la ruche démocratique le loisir d'aller rendre visite aux frelons de Staouéli.

Eh bien! lecteur, que vous en semble?

Hésiterons-nous plus longtemps?

Non, car ceux qui applaudissaient ce jour-là ces lâches menaces, ces ineptes insultes, les applaudiront encore à la plus prochaine occasion.

De deux choses l'une : ce sont des méchants ou des ignorants.

Des méchants? — Les Trappistes prient e. s'immolent chaque jour pour le salut de leu âme !

Des ignorants? — Qu'ils veuillent bien prendre la peine de feuilleter ce livre, et ils verront que le plus utile don que la France puisse faire à l'Algérie, c'est de lui envoyer beaucoup d'hommes aussi laborieux, aussi énergiques, auss. charitables que ceux que nous allons rencontrer à Staouéli.

Peut-être le spectacle de leurs saintes austérités irritera-t-il d'abord leur vue, mais bon gré mal gré, ils subiront la fascination singulière qu'exerce le sacrifice, et se sentiront troublés dans leurs jouissances...

Cette étude, que nous commençons, aujour-
d'hui... novembre 1875, veille de la fête de la Pré-
sentation de la très-sainte Vierge, cette modeste
étude sera certainement notre joie et notre édi-
fication dans la solitude : mais, dût-elle nous
donner quelque peine, nous nous estimerons largement récompensé de notre léger labeur, si
quelque âme troublée par le septicisme moderne
disait, en fermant notre livre :

« Il faut bien qu'il y ait dans le christianisme
» quelque force surnaturelle pour produire des
» existences d'hommes si fort au-dessus de la na-
» ture, et, par-delà la tombe, d'immortelles réali-
» tés, pour inspirer un si prodigieux mépris de
» toutes les joies de la terre ! »

LE MONASTÈRE

I

L'ARRIVÉE.

La première chose qui fixe l'attention du visi-
teur en arrivant à la Trappe de Staouéli, ce sont

ces deux sentences écrites sur l'un et l'autre côtés du grand portail du monastère :

> Tous les plaisirs de la terre
> Ne valent pas une larme de pénitence.

> Celui qui n'a pas le temps de penser à son salut
> Aura l'éternité pour s'en repentir.

Graves conseils! salutaires avertissements.

Il semble entendre la grande voix de saint
Bernard disant à tous ceux qui vont entrer dans
le silencieux cloître de ses enfants:

« Vous qui allez pénétrer dans cette maison,
» laissez dehors le corps que vous apportez du
» monde, les âmes seules sont admises en ces
» lieux. »

(Histoire de Citeaux, tome 3.)

Ce portail abrite deux larges bancs de pierre
où la pauvreté vient s'asseoir à toute heure du
jour, sans avoir besoin de tendre la main; l'ange
de la charité les y attend sans cesse.

Les moines de Staouéli, qui s'intitulent eux-
mêmes les pauvres du Christ, «*pauperes Christi,* »
aiment les pauvres, s'empressent de les nourrir,
de leur donner des vêtements, et leur porte n'est

jamais fermée, non-seulement à l'indigent, mais à toutes les âmes fatiguées de la vie, courbées sous le poids de leurs fautes, ou simplement éprises de l'étude et du silence. A tous ces hôtes divers le Trappiste offre sa paix et la partage avec eux.

A peine a-t-on pénétré sous le vaste porche de la Porterie, que deux autres sentences viennent invinciblement attirer aussi nos regards.

Voici la première :

> Que sert à l'homme de gagner l'univers entier.
> S'il vient à perdre son âme?

Merveilleuse parole de l'Evangile!

En effet, notre âme, c'est nous-même, et que peut-il nous rester après l'avoir perdue?

La seconde est celle-ci :

> S'il semble dur de vivre à la Trappe,
> Il est bien doux d'y mourir.

Oui, certes, il est dur de vivre à la Trappe : le jeûne et l'abstinence y sont continuels, les veilles prolongées, le labeur incessant et pénible, le silence absolu, et cependant la paix et la gaîté, « *pax et hilaritas,* » ces deux sœurs charmantes qui se tiennent toujours par la main, accompagnent partout le Trappiste. Aurait-il donc choisi, même en ce monde, la meilleure part?

A droite de la Porterie se trouve une petite salle où les visiteurs, en s'adressant au frère-portier, peuvent se procurer des chapelets, des médailles, et surtout les magnifiques épreuves photographiques qui sortent de l'atelier du Père E***.

Avançons-nous sur le perron et embrassons d'un rapide regard l'immense cour fermée par les diverses constructions du monastère.

Cette cour rectangulaire n'a pas moins de cent dix mètres de long sur trente de large. Elle est limitée :

1° Sur le côté où nous nous trouvons, par le petit palais de monseigneur l'archevêque d'Alger, et plus loin par des grenadiers.

2° A gauche, par les remises qui découpent leur imposant massif sur le ciel et encadrent le bleuâtre horizon dans cinq magnifiques arcades hautes de neuf mètres.

3° A droite, par l'hôtellerie, et, en dernier lieu en face, par le cloître, l'église et la ferme cistercienne.

Nous allons, accompagné du R. P. abbé Dom
Augustin, ou d'un de ses frères, délégué par lui,
pénétrer immédiatement dans le cloître.

Toutefois, n'avançons pas dans le pieux asile
de l'austère pénitence avant de saluer ce bou-
quet de palmiers qui projette son ombre sur la
façade du cloître, et dont les éventails de feuilles
se découpent sur l'impassible azur du ciel.

Ces grands arbres qui, en juin 1830, sous le
dôme de leurs rameaux entrelacés, virent flotter
le pavillon du bey Achmet, et qui, témoins du
succès de nos armes, abritèrent, treize ans après,
en 1843, l'autel champêtre où le R. P. Dom Régis célébra, pour la première fois, sur le sol africain, la fête de saint Bernard, ces arbres tutélai-
res, par leur orientale beauté, par les glorieux
souvenirs qu'ils évoquent, sont la poésie et l'or-
nement de Staouéli.

A la tombée du jour une multitude d'oiseaux
viennent nicher et se mettre à couvert dans leurs
verdoyantes rames; ils y passent paisiblement la
nuit; mais à peine les religieux ont-ils terminé
leur office de la nuit; à peine l'horizon commen-
ce-t-il à s'emparer des premières lueurs du ma-

tin, qu'aussitôt tous ces oiseaux s'éveillent et à leur tour chantent *Matines*.

Dès qu'ils ont ainsi célébré à leur guise leur Créateur, ils secouent leurs ailes encore humides de rosée, puis, comme un collier qui s'égrène, ils s'éparpillent dans l'air bleu et vont se poser sur tous les toits.

II

LA RÉCEPTION.

La porte du cloître va s'ouvrir devant nous! Nous allons pénétrer dans ce séjour des âmes où l'on n'entend que des cantiques de joie et de salut, « *vox exultationis et salutis in tabernaculis justorum.* » (Ps. 117, 15.)

Mais, savons-nous bien ce que c'est qu'une Trappe, et quel est l'esprit qui l'anime?

Si nous l'ignorons, saint Bernard va nous l'apprendre.

« Notre Ordre, dit ce grand saint, lumière et
» gloire de son siècle, notre Ordre est abjection,
» humilité, pauvreté volontaire, paix et joie dans
» le Saint-Esprit. Notre Ordre est de vivre sous

» la dépendance d'un supérieur, d'un abbé,
» d'une règle, d'une discipline. Notre Ordre est
» de garder le silence, de jeûner, de psalmodier,
» de travailler des mains, et, par-dessus tout cela,
» de tendre à la perfection, de profiter tous les
» jours dans cette voie de la charité et d'y per-
» sévérer jusqu'à la mort. » (S. Bern., ep. 142
ad. monach. Alpens.)

Cette vie, — qui ferait de nous les plus malheureux des hommes, si, n'y étant pas appelés par
la grâce, nous étions condamnés à la subir, —
cette vie obscure, pauvre, misérable, est embrassée avec joie par le Trappiste.

D'où vient cela?

C'est que, quittant tout pour trouver tout, le
Trappiste aime Dieu de toute son âme, de toutes
ses forces, et que, l'aimant ainsi, sa peine dispa-
raît; « car, dit saint Augustin, il n'y a pas de
peine dans l'amour de Dieu. »

La Trappe ne fait donc pas de malheureux et
n'est effrayante que de loin; le monde en voit
les croix, mais il ne voit pas l'onction qui aide à
les porter.

« Le bonheur des moines, dit M. de Monta-

» lembert, est naturel, durable, profond. Ils le
» trouvent d'abord dans le travail, dans un tra-
» vail régulier, soutenu et sanctifié par la prière,
» puis dans tous les détails de leur vie si logi-
» que, si sereine et si libre, libre de la souve-
» raine liberté. Ils le trouvent dans cette si
» enviable insouciance des besoins de la vie ma-
» térielle et domestique, dont les délivrent d'une
» part la simplicité et la pauvreté de leur régime ;
» de l'autre, l'organisation intérieure de la com-
» munauté, où toutes les sollicitudes de ce genre
» reposent sur un chef, sur l'abbé, qui, assisté
» du cellérier, s'acquitte de cette charge pour
» l'amour de Dieu et la paix de ses frères.

» Leur vie se prolonge et s'achève ainsi au
» sein d'une tranquillité laborieuse, d'une douce
» uniformité. Mais elle se prolonge sans s'attris-
» ter. Ils savent l'art de consoler et de sanctifier
» la vieillesse toujours si triste dans le monde.
» Dans le cloître, on la voit toujours non-seu-
» lement chérie, écoutée, honorée par les jeunes
» gens, mais, pour ainsi dire, supprimée et
» remplacée par cette jeunesse de cœur qui per-
» siste chez tous à travers les glaces de l'âge,

» comme le prélude de l'éternelle jeunesse de la
» vie bienheureuse. »

On ne saurait mieux dire.

Pour nous, nous sommes convaincu que s'il
existe quelque part sur la terre un endroit où
l'on puisse être à l'abri des orages de la vie, ce
doit être assurément sous le ciel pur d'un monastère, au milieu de ses paisibles habitants.

Ne pensez-vous pas comme nous? N'êtes-vous
pas persuadés? Eh bien! suivez-nous, entrez
avec nous dans ce cloître où tout est silence et
calme, et douce quiétude. Peu à peu votre âme
se trouvera pénétrée d'une clarté si pure, inon-
dée d'un si doux parfum de vertus, que vous fini-
rez par vous écrier : « Heureux ceux que le Sei-
» gneur a choisis et qu'il a séparés du monde
» pour les faire habiter avec lui. »

Plus heureux encore ceux qui ajouteraient,
avec le Psalmiste :

« Je ne demande qu'une chose au Seigneur,
» qui est de demeurer toute ma vie dans sa
» sainte maison, de voir son temple et de jouir
» des délices qu'on y goûte! »

La petite salle qui se trouve à notre gauche,

sous la voûte du cloître, est la salle d'attente des
hôtes.

Voulez-vous, pendant quelques jours, vingt-
quatre heures seulement, goûter le charme et le
repos du monastère? — (Eh! quel est celui d'entre nous qui n'a pas éprouvé, du moins une fois
dans sa vie, l'attrait de la solitude)! — Mani-
festez votre désir au père hôtelier.

C'est dans cette petite salle dont nous vous
parlons que l'on vous fera entrer.

Bientôt, revêtus de la *coule*, de cette blanche
robe flottante qui donne aux Pères cet air digne
et majestueux, air véritablement solennel dont
sont frappées les personnes les plus étrangères
aux émotions religieuses, bientôt, disons-nous,
deux moines entreront, et, voyant devant vous
le divin Maître, tomberont à vos pieds et se
prosterneront de tout le corps devant vous. Ils
vous conduiront ensuite à l'église, ils y prieront
pour vous; puis, vous ayant ramené dans cette
même salle, ils vous feront la lecture d'un chapitre de l'*Imitation*, et se retireront comme ils
sont entrés, silencieux et recueillis.

Le cérémonial de votre réception se trouvant

ainsi terminé, vous n'avez plus qu'à écrire votre nom sur le registre des visiteurs. Merveilleux recueil d'autographes que ce registre! Il semble, à le parcourir, que toutes les grandeurs de la France se soient donné rendez-vous à la Trappe de Staouéli.

Tous ceux qui y sont venus, et de la patrie, et de l'étranger : souverains, princes, évêques, ministres, ambassadeurs, officiers généraux, célébrités dans les sciences, les arts ou les lettres; tous, sans exception, ont tenu à honneur de signer leurs noms illustres sur ce registre, livre d'or de l'humble monastère.

La longue énumération des noms les plus remarquables ne serait pas sans intérêt, mais elle nous retarderait, au moment où il nous est permis de visiter le cloître.

III

LE CLOÎTRE.

Le cloître de Staouéli est d'une sévère simplicité. Copié sur celui de l'abbaye de Maubec, et construit par un Frère, Italien d'origine, qui mourut après l'avoir achevé, en 1848, il forme un rectangle régulier ayant intérieurement vingt-quatre mètres de côté à deux rangs d'arcades superposés.

Suivant la règle établie dans l'architecture monastique, l'église longe un des portiques ; le réfectoire est accolé au portique opposé, et la salle capitulaire fait face à l'entrée, qui donne accès à des chapelles particulières, au secrétariat et à la cellèrerie.

Le premier étage, surmonté d'une terrasse circulaire (solarium), est occupé : 1° par l'infirmerie, située au-dessus du chapitre des Frères et de la salle capitulaire ; 2° par le dortoir, qui correspond au réfectoire ; et enfin, 3° par la bibliothèque et la salle des novices, dont les fenêtres donnent sur la façade extérieure, celle de l'entrée.

Le préau du cloître est formé de quatre beaux massifs d'orangers, de néfliers du Japon, de bambous et de bananiers, sous l'abri desquels s'épanouissent des roses, des œillets, des violettes, mille fleurs odorantes. Au centre, au point de jonction de ces massifs, un jet d'eau murmure sans cesse en retombant dans la double vasque d'un lavatoire (*lavatorium*).

Ce bassin, toujours rempli d'une onde fraîche et cristalline, est surmonté de quatre tiges de fer qui se courbent en gracieuses volutes pour supporter une croix; un jasmin odorifiérant y allonge ses fins rameaux étoilés de petits fleurs.

Oh! le paisible cloître! Oh! la bienheureuse retraite toute pleine, toute parfumée de la présence de Dieu! Ne vous semble-t-il pas voir l'ange du silence planer dans l'air bleu sur ce petit coin de paradis?

Voyez glisser, tantôt dans la lumière et tantôt dans l'ombre des piliers, ce moine revêtu de sa blanche coule, c'est à peine si on entend le bruit de ses pas. Il passe près de nous et nous salue d'un air amical.

Vous ne vous contentez pas de le suivre vaguement des yeux, vous vous inclinez devant lui, et, dans votre étonnement indiscret mais cependant plein de pitié pour lui, vous cédez à la tentation de lui adresser la parole et lui demandez comment il a pu se résigner à embrasser une vie aussi pénitente, aussi terrible à la nature.

Alors ce moine vous montre du doigt une des sentences écrites sur les murs du cloître, et charge ainsi la pierre de répondre pour lui.

Voici quelles sont ces sentences :

EN ALLANT A L'ÉGLISE.

***

Vous êtes mort et votre vie est cachée
avec Jésus-Christ en Dieu.

***

Mihi adhærare Deo bonum est.

COTÉ DE L'ÉGLISE.

***

Melior est dies una in attriis tuis, super millia.

***

Elegis abjectus esse in domo Dei mei.

***

Deliciæ meæ esse cum filiis hominum.

***

Præbe, fili mi, cor tuum mihi.

COTE DU CHAPITRE.

***

Mandatum novum do vobis
Ut diligatis invicem.

***

Fuis les hommes, Arsène, viens dans la solitude,
Et tu seras sauvé.

COTÉ DU RÉFECTOIRE.

***

La croix, qui est une folie pour les gens du monde,
Est un trésor pour les religieux.

***

Le monde se réjouira ; pour vous, vous serez dans la tristesse,
Mais votre tristesse se changera en joie.

***

Le plaisir de mourir sans peine
Vaut bien la peine de vivre sans plaisir.

***

Ama nesciri et pro nihilo reputavi.

***

Ce cloître est mon tombeau
Où la mort commencera ma vie.

Ces sentences, nous les lisons rapidement, en passant, et nous ne serons pas sortis du cloître que nous les aurons déjà toutes oubliées.

Et cependant, comme elles mériteraient, par leur haut spiritualisme chrétien, par leur noble élévation morale, d'être l'objet de nos réflexions.

Méditées longuement dans le silence du monastère, où elles trouvent leur continuelle consécration, ces sentences ranimeraient en nous le désir du ciel, la sève de la vertu, les saintes joies

de la paix et de la piété, et surtout l'amour de
Dieu, amour sans lequel la vie n'est plus que
peine et affliction d'esprit, n'est plus qu'un long
jour de deuil! Car — (et saint Augustin avait
bien raison de s'écrier ainsi) : — Vous nous avez
fait pour vous, ô mon Dieu, et notre cœur n'a
pas de repos jusqu'à ce qu'il repose en vous!

IV

L'ÉGLISE.

L'église, nous l'avons dit, occupe une aile en-
tière du cloître. Elle a cinquante mètres de long
sur neuf de large.

Elle est partagée en trois parties distinctes :

Le presbytère;

Le chœur des Pères;

Le chœur des frères-convers.

Le maître-autel est d'une simplicité toute monastique et qui semblerait mesquine, si l'on ne
se rendait pas compte des motifs d'humilité qui
l'ont inspiré.

Le chœur des Pères a dix-sept stalles sur chacun de ses côtés, et six appuyées contre le jubé, qui le sépare du cœur des frères-convers.

Celui-ci a quarante stalles disposées sur deux rangs, et quatre chapelles dédiées à la très-sainte Vierge, à saint Joseph, à saint Bernard et à saint Augustin.

Une vaste tribune, située au fond de l'église, est affectée aux familiers et aux condamnés militaires; ces derniers, au nombre d'une centaine, travaillent pour la communauté et sont rétribués par elle.

A proprement parler, cette église, qui fut consacrée par monseigneur Dupuch, évêque d'Alger, le 30 août 1845, n'est qu'une grande chapelle.

Bientôt une véritable église abbatiale, du plus pur style roman, sera construite entre le cloître et les bâtiments d'exploitation, alors reculés, et juste en face du petit palais de monseigneur l'archevêque d'Alger.

Quand les deux clochers de cette église se dresseront dans le ciel; que la statue de l'*Immaculée Conception*, le front ceint d'une couronne d'or, placée au sommet de la façade, quarante-

cinq mètres d'élévation, se détachera, toute blanche, sur le profond azur du ciel; enfin, lorsque le
Salve Regina résonnera dans une nef qui n'aura
pas moins de dix-sept mètres de hauteur, alors
Marie de Staouéli sera véritablement exaltée dans
ses enfants. Et tout chrétien qui verra ce miracle
de foi, cette idéalisation du travail et de la prière,
saluera le moyen-âge non plus dans les lointains
souvenirs de l'Occident, mais avec la joie de sa
naissance et de sa glorification sous le splendide
soleil de l'Afrique !

Eglise ou chapelle, comme on voudra l'appeler,
les pères Trappistes ne quittent guère cet humble sanctuaire où nous nous trouvons.

Qu'on en juge par ce tableau de la vie quoti-
dienne du Trappiste, tableau que nous emprun-
tons à M. Casimir Gaillardin.

« Le Trappiste, dit ce savant historien, com-
» mence sa journée à deux heures du matin, les
» jours ordinaires; à une heure, les dimanches et
» certains jours de fête; à minuit, aux grandes
» fêtes. Au sortir du dortoir il descend à l'église
» pour chanter ou psalmodier, — selon l'impor-
» tance du jour, — l'office nocturne. Cet office

» finit exactement à quatre heures. Suit une
» heure d'intervalle, que les prêtres consacrent à
» dire la sainte messe, les autres à la servir ou
» à faire de pieuses lectures. A cinq heures, en
» été, on chante *prime*, puis on assiste, en com-
» munauté, à la messe matinale; si l'importance
» du jour l'exige, on entre au chapitre des coul-
» pes, où chacun s'accuse des fautes qu'il a pu
» commettre contre la règle. A six heures com-
» mence le travail des mains, qui dure jusqu'à
» neuf heures. On rentre ensuite au monastère,
» pour chanter *tierce*, la grand'messe, et *sexte*.
» Après *sexte*, à onze heures et demie, le dîner,
» qui dure ordinairement quarante minutes.
» Après les grâces, la méridienne jusqu'à une
» heure et demie. Du dortoir, on passe à l'église,
» pour chanter *none*. Quelques minutes avant
» deux heures, on retourne au travail. A cinq
» heures, *vêpres*, suivies d'un quart d'heure d'o-
» raison. A six heures, le souper, suivi d'un in-
» tervalle d'une demi-heure. A sept heures, la
» lecture en commun, sous le cloître, *complies* et
» le *Salve Regina* : on se couche à huit heures. »
On le voit par ce rapide exposé, les Trappistes

chantent ou psalmodient dans leur église à peu près neuf heures sur vingt-quatre.

Qu'on se fasse une idée de la fatigue qui en résulte pour eux. Il est des moines à Staouéli qui, après les plus longs offices, ont la poitrine tellement exténuée, qu'ils ne peuvent plus respirer. Se tairont-ils pour cela? Nullement. Ils recommenceront et continueront ainsi jusqu'à extinction.

Leur joie est de souffrir.

Et puis, que voulez-vous? Ils se sont condamnés au silence; il faut bien que ce silence, à moins de ressembler à celui de la tombe, ait une âme. Or, l'âme du silence n'est-ce pas la prière, et la prière chantée, la psalmodie?

Un fait digne de remarque, c'est qu'à l'heure où les Trappistes se lèvent pour réciter *Matines*, ils sont les seuls religieux que leur règle appelle à l'église. Eux seuls, pour que l'humaine supplication ne cesse pas de monter de la terre au ciel, veillent et psalmodient tandis que tout se tait, que tout repose.

Il est deux heures du matin. Ce n'est pas cette nuit froide et effrayante de nos régions. C'est

une nuit claire, chaude et pure. La lune inonde
de sa rêveuse clarté le cloître de Staouéli. Un
souffle si doux glisse dans les feuilles que vous
ne devinez son passage qu'au léger tremblement
des ombres projetées sur les piliers et sur les
murs. Regardez. Voici les religieux! Les voici
venir avec leur blanche coule et leurs capuces re-
levés. Il en est qui sont jaunes et desséchés
comme des momies à force de veilles et d'austérités; les fatigues des jeûnes prolongés se lisent
sur leurs visages où les yeux seuls semblent vi-
vants. Les voyez-vous défiler silencieusement :
on dirait une procession de fantômes. Ils en-
trent dans l'église, éclairée seulement par l'astre
des nuits et la vacillante lueur de la lampe du
sanctuaire. Les stalles disposées dans le chœur
les reçoivent un à un. Il se prosternent la face
contre terre, mais, au signal de Dom Augustin,
ils se relèvent et répondent de toute la puissance
de leur voix à l'intonation de *Matines*.

Le chant de la Trappe est le chant Grégorien,
ce chant que les contemporains de Citeaux com-
parent à la mélodie des esprits célestes ; ce chant
dont chaque mot, chaque note palpite de vie.

Pleurs du saint roi David, plaintes de Job, lamentations de Jérémie, cris de joie d'Ezéchiel, extases de la Sulamite ; prières des vieux âges, que vous êtes bien l'écho de toutes nos tristesses, de toutes nos mélancolies, de toutes nos aspirations ; que vous savez bien faire vibrer nos âmes !

Ces psaumes d'une grandeur imposante et calme, psalmodiés avec une vigoureuse sonorité, sont entrecoupés à chaque verset par des silences qui, à travers les ombres de la nuit, vous font frissonner.

Mais c'est surtout dans le chant du *Salve Regina*, après *Complies*, que les Trappistes de Staouéli se surpassent.

Nous avons, dans un autre livre, essayé de rendre la première émotion que nous fit éprouver le *Salve*. Maintenant encore, après bientôt quinze jours passés à la Trappe, nous ne pouvons entendre les cent vingt cénobites du couvent chanter de toute la force de leur poitrine, de toute l'ardeur de leur foi, la triple invocation de saint Bernard « *O clemens, o pia, o dulcis Virgo Maria,* » sans éprouver quelque chose qui palpite et qui bat des ailes en nous. Oui, nous

le sentons, c'est notre âme qui voudrait s'envo-
ler avec cette invocation d'extase et d'enthousiasme, avec ces accents passionnés de l'amour,
vers la patrie céleste et l'éternel repos!

VI

L'HOTELLERIE.

Il est un livre ignoré du monde. Ce livre a
pour titre :

*Directoire spirituel à l'usage des cisterciens réfor-
més, vulgairement dits Tappistes,* publié par
l'ordre des supérieurs.

Voici ce que nous y lisons à propos du *jeûne,*
chapitre 7, page 345 :

« Notre ordre a des traditions de charité et
» d'hospitalité qui ont toujours fait sa consola-
» tion et sa gloire; Dieu lui a donné ce bonheur
» de comprendre les besoins du pauvre et le
» désir de soulager tous ceux qui viennent l'im-
» plorer. On ne concevrait pas un monastère de
» la Trappe qui n'exercerait pas, à tout venant,
» l'hospitalité, tant ces devoirs sont regardés

» comme inhérents à notre destination, et, en
» quelque sorte, à notre nature religieuse. Or,
» quel moyen pour des pauvres comme nous de
» subvenir aux nécessités des autres pauvres, nos
» frères bien-aimés ? Il n'y a que les privations,
» le travail et le jeûne. Grand sujet de joie pour
» nous de donner non pas de notre superflu,
» mais de notre nécessaire ! Douce mortification
» que celle qui s'ôte le pain de la bouche afin
» de le partager avec de plus pauvres que soi! »

En quels termes plus simples pourra-t-on jamais exprimer des sentiments plus élevés ? quand pourra-t-on, plus naïvement, pousser plus loin l'esprit d'abnégation?

De quoi nous étonnons-nous? Celui qui parle ainsi est un Trappiste s'adressant à des Trappistes.

Nous venons de visiter les moines de Staouéli; nous avons été les témoins recueilis de leurs exercices de piété, de leurs continuelles pénitences; plus tard, nous les verrons faire succéder l'action à la prière, le travail à la méditation, le mouvement au repos.

Le monastère fera place à la *Colonie agricole.*

Mais, en attendant, acceptons l'aimable hospitalité qui nous est offerte. Entrons à l'Hôtellerie.

Elle occupe, vous le savez, la partie droite de
la grande cour qui précède le monastère.

Au rez-de-chaussée et sous les arcades, se
trouve la salle à manger; au-dessus les chambres
des hôtes.

Chaque chambre, meublée tres-simplement,
est tenue avec la plus miraculeuse propreté.

Le règlement suivant est affiché dans chaque
chambre.

	Eté.	Hiver.
Lever	5 h.	6 h.
Déjeuner.	6 h.	7 h.
Assister à la grand'messe. .	7 h.	8 h.
Dîner.	11 h.	» h.
Souper.	6 h.	5 h.1/4
Assister au *Salve*.	7 h. 1/2	6 h. 1/2
Retraite dans la chambre. .	8 h.	7 h.
Dimanche, grand'messe. . .	9 h.1/2	» h.
— vêpres.	4 h.	3 h.
Carême : jour de travail, messe. . . .	10 h.1/2	
vêpres. . .	3 h. 1/2	

« MM. les Hôtes ne peuvent parler qu'au R. P.
Abbé ou à celui qui tient sa place, au confesseur,
à l'hôtelier et au frère chargé des objets de piété.
— Défense de fumer dans les appartements et
dans la ferme. — Il est aussi défendu d'entrer
dans le monastère, les ateliers, les écuries et les
jardins, sans être accompagné ou sans en avoir
préalablement obtenu la permission. — L'été se
prend de Pâques au 1er octobre, et l'hiver, du
1er octobre à Pâques. »

L'homme le plus insouciant des vérités éter-
nelles, le plus oublieux de son salut, qui, con-
duit à Staouéli par la seule curiosité, passe deux
ou trois jours dans l'une de ces demeures, y
éprouve des émotions qui jusqu'alors lui étaient
inconnues.

A peine est-il entré dans sa cellule, qu'il entend au milieu du grand silence qui se fait en lui
et autour de lui, une voix qui lui dit :

— « D'où viens-tu? Où vas-tu? Comment as-tu
» vécu jusqu'à ce jour? En continuant à faire ce
» que tu fais, peux-tu te rassurer ?... »

Il se retourne, regarde... Personne. Il est seul,

bien seul. Qui donc, se demande-t-il, vient de me parler?

Il découvre aussitôt que cette voix est partie du fond de sa conscience.

Et alors, comme dans l'éblouissement d'un rapide éclair, son passé se dresse devant lui.

Il voit la première tache dont il ne craignit pas de souiller sa robe d'innocence; la première faute qui vint ternir dans sa primitive candeur son pur regard d'enfant. Il aperçoit sa mère, telle qu'il la voyait autrefois, alors qu'il buvait si largement à la coupe du mal : elle s'efforce de lui sourire, mais ses yeux sont remplis de larmes. Les pauvres qu'il a repoussés, les innocents qu'il a scandalisés, tous ceux qu'il a humiliés, tous ceux qu'il a calomniés, et ceux qu'il a trahis, et ceux qu'il a poursuivis de sa haine défilent devant lui.

A la vue de tous ces fantômes tristes et menaçants, il comprend que l'heure du remords est enfin venue, et son âme brisée n'en peut supporter le poids.

— Qu'ai-je fait! s'écrie-t-il, et un flot de larmes monte tout-à-coup et jaillit de ses yeux.

Dans cette angoisse, il cherche du secours. Il aperçoit un *crucifix*. Il le saisit d'une main tremblante, et ses lèvres vont se poser sur les plaies du divin Crucifié.

— « O mon Dieu! murmure-t-il à travers ses sanglots, « mon Dieu! ne vous éloignez pas de » moi! Vous qui n'avez jamais rejeté un cœur » contrit et humilié, assistez-moi dans mon af- » fliction.

Il soupire ces gémissements du Psalmiste, et déjà une paix étrange, inespérée, qu'il sent bien ne pas venir de lui-même, pénètre dans son âme. Il pleure encore, mais ses larmes n'ont plus la même amertume.

— « O ma première communion! exclame-t-il » alors, joie de mon enfance à jamais perdue! ô » premier serment qui m'unissait à Dieu! » Depuis si longtemps que je vous ai chassé, ô » père! ô maître! ô mon ami! ô Jésus! qu'êtes- » vous devenus? où êtes-vous? Bien loin, sans » doute! »

— « Tout près! Je suis là! » — répond cette même voix qui tout d'abord s'était fait entendre, « je savais que tu viendrais dans cette solitude,

» et je t'y attendais pour te pardonner et te bé-
» nir... »

Comment résister, comment laisser à la porte
de son cœur l'hôte divin ?... Ah ! qu'il entre dans
ce cœur purifié par le repentir, le bien-aimé,
le céleste; époux, qu'il se donne à lui dans la sainte
communion et lui fasse goûter la joie de sa divine
présence.

Combien d'âmes sont venues trouver ainsi
l'ineffable paix et l'immense bonheur du retour
en Dieu dans ces petites chambres si calmes et
si mystiques ! combien d'âmes s'y réfugiant par
un temps d'orage, n'ont plus voulu partir dès les
premiers rayons.

Tels sont les bienfaits que la Trappe de Staouéli
répand autour d'elle par la généreuse et large
hospitalité de son hôtellerie.

Les mahométans, si hospitaliers eux-mêmes,
ne sont pas à l'abri de cette salutaire influence.

L'Arabe, on le sait, nous repousse moins comme chrétiens que comme incrédules, et rien ne
frappe autant son imagination que la vue d'un
chef de la prière, les rabbins, toutefois, exceptés.

Les moines de Staouéli, qu'il voit vivre dans la

continence, la mortification, l'austère travail,
exercent sur lui un tel prestige, que si un Père
trappiste, — ce qui arrive bien rarement, — va
dans une des tribus voisines, il y est aussitôt
l'objet d'une véritable ovation. Les femmes lui
présentent leurs petits enfants pour qu'ils les
bénissent; les infirmes se traînent jusqu'à lui et
baisent ses mains ou touchent ses vêtements, dans
l'espoir d'obtenir leur guérison.

Ce sont des acclamations, des marques de
respect, des salam-alek à n'en plus finir.

Allah yaïchek!   Que Dieu te fasse vivre!

Allah yaoun-ek!   Que Dieu te soit en aide!

Allah iatik saha!   Que Dieu te donne la santé!

Allah Staouéli-ek! Que Dieu sauve Staouéli!

Mais c'est le révérend père Abbé, celui qu'ils
appellent le *grand marabout de Staouéli*, qui est
surtout l'objet de leur vénération.

Le cheik de la tribu de *Beni-Mered* n'eut-il
pas un jour la singulière idée d'écrire au R. P.
Dom Régis pour le supplier d'échanger son chapelet contre le sien.

Nous ne résistons pas au plaisir de citer le dernier passage de sa lettre.

« Nous savons, vénérable serviteur de Sidi
» Aissa (Jésus) et de Lella-Mariem (Marie), que
» nos pauvres reçoivent à la porte de ta grande
» maison les mêmes secours que tes pauvres.
» Tous nos frères qui reviennent ici font l'éloge
» de ta charité. Pour te remercier en leur nom
» et au mien, je t'envoie une chèvre avec son pe-
» tit qui tète encore ses mamelles pendantes.
» Daigne excuser le peu de valeur de ce présent;
» tu sais que le don ne se mesure pas à son prix,
» mais au bon cœur qui l'offre.

» Que Dieu tout-puissant et miséricordieux
» te protége et te conduise toujours dans sa lu-
» mière. »

Cette demande d'échanger un *tsbeha* (chapelet
musulman) contre un chapelet chrétien, cette
lettre si solennelle pour annoncer l'envoi d'une
pauvre chèvre et de son biquet, tout cela peut
paraître plus ou moins comique; mais ce qui ne
l'est vraiment pas, c'est de voir les mahométans apprendre à certains chrétiens le respect
dans lequel on doit toujours tenir l'homme revêtu
du caractère religieux.

Que penseraient les Arabes, eux qui professent pour les Trappistes de Staouéli une si profonde admiration, s'ils apprenaient que ces *marabouts du désert*, ces *Tolbas*, comme ils les appellent, sont, dans quelques journaux, l'objet du sarcasme et du ridicule.

Quoi de plus vrai, cependant.

Telle feuille que nous ne voulons pas nommer ne dénonce-t-elle pas, chaque matin, à ses lecteurs, dans un style un peu lourd, il est vrai, *les aberrations et les ignorances béatifiées des moines de Staouéli*, et ne représente-t-elle pas leur Trappe bénie tantôt comme un asile d'aliénés, tantôt comme un repaire de scélérats *non atteints, sans doute, par la justice des hommes, mais torturés par celle d'inexpiables remords.*

Tenons compte à cette feuille de ne pas avoir appelé les Trappistes des forçats en rupture de ban.

Dignes enfants de saint Benoît, citoyens pacifiques, humbles colons de Staouéli, on ne vous voit pas, avec les infatigables écrivains dont notre conquête a doté l'Algérie, parler à tort et à travers d'égalité, de fraternité, d'extinction du paupérisme et cætera... Mais vous avez au fond du cœur, ce que tous ces beaux esprits ne connaissent pas : la charité, l'ardente charité chrétienne, qui donne à tous et ne demande rien à personne.

Le soleil s'abaisse lentement à l'horizon; ses derniers feux revêtent le Zakar et le Chénouan d'un voile de pourpre et d'or.

Après une rude journée de marche ou de travail, le voyageur indigent et fatigué voit, sur le haut de la colline, étinceler les vitres d'une villa.

C'est le petit palais mauresque d'un véritable ami du peuple, d'un chaud démocrate, qui, dans les journaux, dans les clubs, déclare à qui veut l'entendre que « *nul n'a le droit d'avoir du superflu lorsque chacun n'a pas le nécessaire.* »

Le voyageur hâte le pas, il arrive devant la villa, il frappe à la porte. On lui ouvre.

— Que voulez-vous? lui demande le propriétaire démocrate.

— L'hospitalité. J'ai faim et je suis fatigué.

— Ce n'est pas ici une auberge. « A recevoir tous les pauvres qui passent sur la route, aucune fortune ne résisterait... » Allons, va-t'en.

Et on le chasse; et ce riche, plus impitoyable peut-être que celui de l'Evangile, ne voudra pas même tolérer Lazare sur les marches de son palais.

Mais, voici qu'une cloche résonne dans le lointain. C'est l'*Angelus* qui tinte, doux comme un appel, suave comme une prière, qui tinte lentement au couvent de Staouéli.

Messagère des religieux, la voix ailée de cette cloche murmure à l'oreille du voyageur :

> Venez à la Trappe, mon frère,
> Venez, notre humble monastère
> Ne vous repoussera jamais.
> A tous, sur la route déserte,
> Elle est l'hôtellerie ouverte
> Où chacun peut s'asseoir en paix.

III

LA DERNIÈRE HEURE.

I

Bientôt notre tâche sera terminée, mais cette tâche nous semblerait incomplète si, après avoir dit comment on vit dans cette Trappe, nous ne racontions pas aussi comment on y meurt.

Rappelons-nous la sentence que nous avons lue sur la porte du monastère.

« S'il semble dur de vivre à la Trappe,
» Il est bien doux d'y mourir. »

On le voit, la mort n'est pas pour le Trappiste une punition, mais une récompense.

Vous vous souvenez quelle est sa vie.

Le Trappiste quitte tout : parents, amis, patrie, espérances dans le monde. Il couche sur un matelas de deux pieds et demi, épais de quelques pouces, dur comme du bois et posé sur une planche ; la cellule où il repose n'est qu'un étroit compartiment dans un dortoir commun. Il dort dans ses vêtements et enveloppé d'une couverture. Il se lève à minuit, à deux heures du matin au plus tard. En hiver, il dîne à deux heures ; en été, à midi, et lorsqu'il jeûne, il ne fait qu'un seul repas, vers la fin de la journée. Ses aliments, dont la viande, le poisson, les œufs, le beurre et l'huile sont exclus, sont cuits à l'eau et au sel. Il chante ou psalmodie le petit et le grand office. — Prime, tierce, la grand'messe, sexte, none, les

vêpres, les complies, le *Salve*. — C'est-à-dire
huit heures sur dix-sept. Il travaille cinq heures.
Il est soumis à l'obéissance la plus passive, au
silence le plus absolu. Et cette vie d'abnégation,
de sacrifice, de pénitence, qu'il a volontairement
embrassée, n'a pour lui ni repos ni relâche; elle
est toujours la même, et elle se continue ainsi du
matin au soir et du soir au matin, pendant des
mois et des années, jusqu'à son dernier soupir.

Une existence aussi étrange ne peut qu'amener
une mort extraordinaire.

Les sombres tableaux qui vont suivre sont
peints avec une sobriété qui leur donne encore
plus de relief.

Ils sont tirés d'un livre dont voici le titre :

US DE LA CONGRÉGATION CISTERCIENNE

DE NOTRE DAME DE LA TRAPPE

primitive observance

rédigés par le Chapitre général.

—

CHAPITRE IV.

Des derniers Sacrements.

§ 296 — « Conformément à l'ancien usage de
» l'Ordre, on tâchera d'administrer les derniers

» sacrements à l'église. Durant cette cérémonie,
» les religieux sont prosternés sur les formes
» dans les stalles voisines du presbytère... Le
» malade est assis au milieu du chœur. »

§ 298. — » En arrivant à la chambre du ma-
» lade, la communauté se met à genoux et se
» place de manière à ne pas gêner le prêtre dans
» ses fonctions... Les fonctions terminées, on ad-
» ministre au malade le *saint Viatique.*

§ 299. — » Lorsqu'un infirme approche tout-à-
» fait de sa fin, on le met à terre sur un drap de
» serge sous lequel on a dû étendre de la paille
» placée sur une croix de cendre bénite... Quand
» le supérieur le juge à propos, l'un des infir-
» miers va frapper la tablette à coups redou-
» blés. Cette tablette, placée dans le cloître de
» Staouéli auprès de la chapelle, est en forme de
» pupitre et est munie d'un heurtoir en fer. On
» sonne en même temps la grosse cloche quatre
» fois, c'est-à-dire en faisant trois interrup-
» tions...

» La communauté est présente, on interrompt
» la psalmodie (*Psaumes* 117 *Confitemini,* et 118
» *Beati immaculati*) et on se lève... On lave en-

» suite le corps dans le lieu destiné; le Père
» prieur désigne ceux qui doivent le faire : ils ne
» lui lavent que la figure, la poitrine, les bras et
» les jambes. Ils revêtent le défunt de ses habits
» de **chœur,** observant de ramener tant soit peu
» le capuce devant le visage ; ils lui donnent
» aussi des bas et des vieux souliers, mais ils ne
» lui changent point la serge et le caleçon, à
» moins d'une grande nécessité. Cela fait, ils
» l'étendent sur le brancard : s'il est prêtre, ils
» lui mettent au cou une étole violette. Tandis
» qu'on lave le corps, les religieux se tiennent
» comme ils peuvent, autour de l'abbé, qui récite
» alors les Collectes... Après qu'un défunt *a été*
» *bien lavé,* on sonne les cloches durant un quart
» d'heure. »

II

Nous n'oublierons jamais que, pendant notre
séjour à Staouéli, nous avons entendu retentir, au
milieu d'une nuit jusqu'alors silencieuse, l'effrayante *tablette des agonisants.*

Un frère convers, malade depuis longtemps,
allait mourir.

Les sombres tableaux que nous venons de re-
produire nous furent cachés; mais la cloche qui
— dans l'espace de quelques heures, — sonna
d'abord deux fois, puis quatre fois, puis enfin
pendant un quart d'heure, nous permit d'assister,
en esprit, aux scènes lugubres qui se passaient à
quelques pas de nous.

Dans l'infirmerie, vaguement éclairée par un
cierge, nous apercevions deux longues files de
moines, ceux-ci avec leur coule blanche, ceux-là
avec leur chape brune, ayant tous le capuce
baissé. Ils psalmodiaient lentement le *Miserere*.
Au milieu d'eux, le moribond étendu par terre
sur la cendre et la paille.

Il était là sous nos yeux, baigné des sueurs de
la mort, la poitrine oppressée, la respiration
suspendue. Nous l'entendions réciter d'une voix
éteinte son *Confiteor*. Il recevait l'*Extrême-Onction*,
le *saint Viatique*.

Enfin brisant les derniers liens qui la retenaient
à la terre, son âme, sur l'aile des *Psaumes* chan-
tés pour son départ, s'envolait libre, joyeuse,
légère. Elle s'élevait au-dessus des nues, au-dessus du firmament, au-dessus des étoiles, et,

radieuse, enivrée d'elle-même, prenait place parmi les anges.

Et tandis que nous suivions ainsi par la pen-
sée le joyeux essor de cette âme qui, franchis-
sant l'éther d'un coup d'aile, allait des esprits
purs accroître la tribu, et, tout éblouie, s'avançait toujours plus avant dans les resplendisse-
ments et les fulgurations de la Jérusalem céleste...
le corps que cette âme venait d'abandonner, —
tel un papillon sa chrysalide, — le corps était là,
devant nous, étendu sur un brancard, entouré de
cierges, embaumé d'encens.

Etrange vision ! Nous étions dans notre petite
chambre de saint Bernard, au milieu de l'obscu-
rité la plus complète, et cependant tout ce que
nous écrivons en ce moment nous paraissait
alors avec la plus saisissante réalité.

Et nous nous disions :

Est-ce bien un cadavre que nous avons sous
les yeux? N'est-ce pas plutôt un enfant endormi
qui, lavé, habillé, attend que sa mère vienne le
coucher doucement dans un tombeau d'immor-
talité?

Lecteurs, trouvez-vous souvent, dans le

monde, des soins aussi tendres et aussi pieux?

Entrez dans cette chambre luxueuse où des
centaines de bougies éclairent vingt imbéciles.
C'est une soirée que donne un riche célibataire à
sa famille, à ses amis. Il boit son vin de cham-
pagne, écoute des concerts, se couronne de fleurs,
est heureux, plein de joie!... C'est à qui le com-
plimentera, le félicitera, lui promettra de longs
jours... Le lendemain, revenez dans cette même
chambre. Regardez : il est mort. Ses amis, ses
parents même n'approchent qu'avec horreur et
dégoût de son cadavre à peine refroidi. Vingt-
quatre heures ne sont pas encore écoulées, et
déjà chacun commence à craindre que les fossoyeurs ne se fassent attendre.

Qu'ils viennent, ah! qu'ils viennent vite clouer
ce cadavre dans son cercueil et s'empressent
d'en débarrasser *sa* maison.

Enfin, les voici! Ils emportent, ils enterrent le
défunt, et les parents les plus affligés se conso-
lent promptement avec la part d'héritage qui leur
est échue... Que disons-nous! Bientôt ils se ré-
jouiront de sa mort.

Oui, bientôt on dansera, on mangera, on jouera,

on rira dans cette chambre où ce riche aura rendu l'âme.

Cette âme où sera-t-elle?

L'enterrement du frère convers eut lieu le lendemain dans l'après-midi, sur les quatre heures.

Au moment où les cloches annonçaient la levée du corps, nous nous rendîmes au cimetière.

Le cimetière de Staouéli occupe une ancienne redoute construite en juin 1830 par le capitaine de génie Vaillant (depuis maréchal de France), pour protéger la route de Sidi-Ferruch à Alger.

C'est un carré de trente mètres planté de cyprès sur ses côtés. Au milieu s'élève une croix de fer dominant majestueusement l'enceinte sacrée.

On lit au pied de cette croix et sur la grande pierre qui la supporte :

Sub umbra illius.

Il faisait un temps admirable, et cette lumière si vive, si pure de l'Algérie, mettait en relief les moindres accidents d'un paysage qui n'était pas sans beauté.

Tout au loin, nous apercevions, d'un côté les

montagnes de l'Atlas toutes bleues et d'un profil
sévère ; de l'autre, la mer splendide d'un azur
doux moiré de larges raies de couleur de nacre :
puis, des champs, des vallons tachetés çà et là
de blanches fabriques, et, devant nous, la grande
allée du cimetière tout enfouie dans l'ombre de
ses hauts cyprès.

A l'extrémité de cette allée on voyait poindre
le funèbre cortége.

Il s'avançait au nombre de près de deux cents
personnes et dans l'ordre suivant :

Les jeunes profès, les anciens, l'abbé avec le
sous-diacre, les novices, les convers, les donnés,
les familiers. Au milieu des rangs, le porte-croix,
les acolytes, l'eau bénite, l'encens : puis quatre
céroféraires environnant le corps, et enfin un frère
portant la croix du défunt.

Moines et novices chantaient le psaume de la
délivrance (*In exitu Israel de Ægypto*) avec une
telle ampleur, un ensemble si parfait, qu'au lieu
d'un chant funèbre on croyait entendre un hymne
de triomphe.

C'est que chaque religieux sentait en lui-même que c'était moins une prière qu'il adressait

au ciel pour le repos de ce bien-aimé frère qu
s'était endormi dans le Seigneur, qu'un homma-
ge rendu à sa mémoire, et comme une fête-célé-
brée en son honneur.

Le convoi arrivé dans le cimetière, le porte-
bénitier se plaça au pied de la fosse, les religieux
de chaque côté, les céroféraires entre les religieux et la fosse, auprès de laquelle on déposa le
défunt, en observant de lui mettre les pieds à
l'orient.

Dès que le R. P. Dom Augustin eut aspergé et
encensé le corps pour la dernière fois, les quatre frères qui avaient porté le défunt le déposè-
rent dans la fosse.

L'infirmier y était déjà descendu. Il disposa
décemment le cadavre en lui couvrant le visage
du capuce; et après que l'abbé eut jeté un peu de
terre sur le corps, on commença à le couvrir.

La terre s'éleva peu à peu au-dessus de lui,
forma ce petit monticule que chacun connaît, et
on se retira en silence.

Le soleil couchant enflammait de ses plus
beaux rayons les religieux qui s'éloignaient,
et la croix d'argent, et le bénitier, et les coules

blanches, et les chapes brunes, et l'air environnant.

Nul souffle n'agitait l'atmosphère, qui était d'une transparence parfaite; tous les détails du paysage se dessinaient nets, précis, même aux derniers plans.

Çà et là la hampe fleurie d'un aloès pointait dans le ciel comme un grand candélabre de bronze; un palmier au fût écaillé, terminé par un éventail de feuilles dont pas une ne bougeait, se découpait majestueusement dans le ciel.

La nuit venait rapidement. Les teintes les plus vives s'affaiblissaient et l'air prenait cette suavité caressantê qui donne tant de charme aux soirs de l'Algérie.

Et comme les étoiles s'allumaient une à une dans le ciel, ce fut dans ce cimetière que je fis mes adieux à Staouéli, que je devais quitter le lendemain.

Songeant à tous ceux qui reposaient dans l'enceinte sacrée,

O, leur disais-je, que vous êtes heureux, vous qui êtes désormais passés de la mer orageuse du monde au port du repos éternel. Un pape qui fut de votre ordre, venant à Clairvaux et passant près du cimetière, s'écriait :

« *O élus de Dieu, priez pour moi!* »

Et nous, que dirons-nous dans cette enceinte si calme, si profondément assoupie?... Nous répèterons ce mot de Charles-Quint dans le cimetière de Saint-Just:

Invideo, quia quiescunt.

« Je les envie, parce qu'ils reposent. »

Et nous ajouterons :

Adieu, Staouéli!

Adhœreat lingua mea faucibus meis, si non meminero tui.

Oui, adieu, cher et doux Staouéli. J'ai laissé dans tes murs assez de souvenirs pour remplir une vie plus longue que la mienne. Chacune des dalles, chacun des piliers de ton cloître, me seront toujours présents, et les rêves qui me rappelleront les jours que j'ai passés dans tes murs, seront les plus doux que je rêverai.

Adieu, Staouéli!

EXCURSION

———⊷⊗⊰⊷———

Un *pare à virer !* vint aussitôt retentir bruyamment, et l'*Aréthuse* (bâtiment de la Compagnie Mixte) mouilla dans le port d'Oran.

Bientôt une barque accosta, je descendis ou plutôt me laissai choir dans la barque, et en quelques coups de rames je fus sur le quai *Saint-Martin.*

Il était dix heures du matin. L'air était tiède. La mer, parfaitement horizontale, était glacée de bleu pâle et clair comme un satin qui miroite. Quelques touches ardoisées couraient au clapotement de l'eau.

L'ancienne ville espagnole, la vieille *Kasbah,* le Château-Neuf, la nouvelle ville s'élevant en amphithéâtre, tout était noyé dans un vrai bain de lumière entre le ciel brillant de soleil et la mer qui reflétait le ciel.

4

A peine débarqué, ma première visite fut pour la cathédrale de Saint-Louis, d'abord simple chapelle d'un couvent de moines de saint Bernard.

Réédifiée en entier en 1839, cette église est véritablement belle. J'y remarquai une admirable peinture représentant : *le débarquement de saint Louis à Tunis.*

Les rues d'Oran me parurent généralement bien percées. Les plus curieuses sont celles du Vieux-Château, dont les maisons ont conservé en partie leur cachet espagnol, la rue de l'Arsenal, les rues d'Orléans, de Charles-Quint, de Vienne, d'Austerlitz, de Wagram et de Turin ; cette dernière, plantée d'arbres, est plutôt une promenade qu'une rue.

Mais, une véritable promenade c'est le boulevard Oudinot, large et belle chaussée plantée d'une double rangée de vigoureux *bella-ombra* donnant en été un abri impénétrable aux rayons du soleil.

Dans ces rues, dans ces promenades, sur les places, celles des Carrières, du Théâtre, d'Orléans, de Nemours... défilent incessamment, comme dans une lanterne magique, des militaires de tous grades et de tous corps, zouaves, turcos, chasseurs à pied et à cheval, spahis, etc.; les juifs portant le costume de leurs compatriotes du Maroc, les juives couvertes de robes damassées d'or et de soie; les Espagnols vêtus de grègues blanches, de l'*alhamar*, couverture de grosse laine rouge, et le mouchoir roulé autour de la tête (costume qui trahit l'origine mauresque), les manolas gaies, vives, bruyantes, remplissant les fonctions de bonnes d'enfants ou de ménagères; les maures indolents, et enfin les nègres.

Ces derniers habitent, au-dessus de la ville, un quartier distinct et qui forme un véritable faubourg.

Ce qu'il y a là de misère et de saleté dépasse tout ce qu'on pourra imaginer. C'est une poussière, une vermine! Et quels vêtements! tout ce qui n'est pas trou est tache.

Je me rappellerai toujours, sur la place qui sépare Oran de *la ville nègre*, avoir vu à midi, en plein soleil, un pauvre âne abandonné, auquel nul ne prenait garde; et cependant ce pauvre âne avait sur le dos des trous à y fourrer le poing, et ces trous étaient remplis de mouches.

Pauvre bête! pas une main charitable ne venait éloigner ces mouches, pas un bon Samaritain ne venait verser une goutte d'huile sur ses plaies!... Seul un chien tenait compagnie à cet humble martyr, et le regardant tristement, semblait vouloir le consoler de l'humaine cruauté.[1]

Oran n'est pas une ville qui puisse plaire à l'artiste.

Ce n'est partout que fonderies, fabriques de tabac, moulins à vapeur, à eau et à vent, vermicelleries, tanneries, brasseries, etc.; partout que cette activité fiévreuse que donne le mouvement des affaires commerciales en pays juif.

Depuis le décret de Crémieux, les juifs, jadis si méprisés, sont devenus ici plus fiers et plus arrogants que feu Artaban.

Autrefois, sous prétexte qu'ils n'étaient pas dignes d'entendre le Koran, il était interdit aux juifs de lire ou d'écrire l'arabe; surtout ils ne pouvaient monter à cheval : cet animal était beaucoup trop noble pour eux!

Pauvres juifs, combien ils ont dû bénir notre conquête! Avant 1830, tout musulman et tout chrétien, passant la nuit dans une rue, devait

être muni d'une lanterne allumée; mais, pour des
raisons faciles à comprendre, les juifs seuls
étaient exclus de ce droit. Passaient-ils devant
une mosquée, devant un marabout, ou la maison
d'un haut personnage, obligation pour eux de se
déchausser. Malheur à eux s'ils s'approchaient
d'un puits quand un musulman s'y désaltérait!
malheur à eux s'ils osaient s'asseoir devant un
musulman!... le bâton et quelque chose de pis,
suivant les circonstances, faisait immédiatement
justice de cet abominable forfait. A eux les offices les plus dégoûtants et les plus repoussantes
occupations, la pendaison des criminels, l'enterrement des suppliciés, etc...

Aujourd'hui — *quantum mutatus!* — le vil
plomb s'est changé en or, le juif est devenu
maître et seigneur du musulman. L'usure, immense réseau que sait si bien tendre l'avide
tribu d'Israël, l'usure a enrichi le juif d'Oran.
Il ferait beau voir, aujourd'hui qu'il est devenu
citoyen français, qu'on vînt lui interdire de porter un turban, des souliers jaunes ou un costume
bleu ou vert.

Les Arabes ont été plus sensibles à l'humiliation de voir les juifs devenir français, qu'à toutes les humiliations que nos armes ont infligées au Koran.

Voici une chanson arabe que j'ai entendue à Oran dans un petit café maure. Cette chanson a été composée par le poète Sidi-Abder-Rhaman-bou-Kouberin.

« L 'ihoud izga d'ithoukkel
» la itheddou s ezh 'el... »

1

« Les juifs sont devenues les chargés d'affai-
» res. Ils se donnent en marchant des airs de
» fierté, depuis que les baptisés leur ont livré le
» pays. Tout profit est pour eux et pour les jam-
» bes rouges (les soldats).

2

» Les juifs sont placés par les chrétiens au
» sommet de l'échelle dont ils occupaient autre-
» fois les derniers rangs, etc... »

J'abrège, car s'il me fallait relater toutes les plaintes des Arabes contre les juifs, je n'en fini-rais pas de sitôt.

Je préfère conduire mes jeunes lecteurs à Mis-serghin.

Misserghin ou Msserr'in (en français le Village du Saint), est un petit bourg situé à quinze kilomètres du nord d'Oran, et qui compte à peine mille deux cents habitants.

En 1865, — par conséquent il y a onze ans, — en 1865, le voyageur n'aurait rencontré sur le plateau de Misserghin que misère et stérilité.

Du sable, rien que du sable, toujours du sable! à peine çà et là quelques maigres plantations, quelques rares potagers, et, pour rompre la monotonie d'un paysage implacablement uniforme, les bouquets d'*eucalyptus,* qui agitaient au souffle de la brise leurs longs rameaux éplorés.

Misserghin consistait, en 1865, en une église, une fontaine, une école, et pas moins d'une douzaine d'auberges.

L'église était toujours déserte, la fontaine toujours tarie, et l'école n'avait jamais vu un seul écolier venir s'asseoir sur ses bancs.

Il est vrai que les douze cabarets étaient toujours remplis.

Là, du matin au soir, on buvait de l'absinthe. J'entends : ou s'absinthait à qui mieux mieux, on se cassait la poitrine et on jouait le peu qu'on possédait.

Aussi, d'Oran à Tlemcen, les habitants de Misserghin n'étaient connus que sous le titre d'absinthiers et de *chemméss* : *paresseux qui se chauffent au soleil.*

Mais, un jour la Providence envoya dans cette ville deux hommes, ou plutôt deux saints; l'un appelé le très-révérendissime Père ✳✳✳, supérieur de l'ordre des Pères de l'Annonciation de la bienheureuse Vierge Marie; l'autre, le docteur ✳✳✳.

Jamais l'action de Dieu ne se fit mieux sentir que dans ces deux fidèles serviteurs de Notre-Seigneur Jésus-Christ.

A peine les Pères de l'Annonciation se furent-ils établis à Misserghin; à peine le docteur ✳✳✳ s'y fut-il fixé, que tout changea aussitôt d'aspect.

Les cabarets se dépeuplèrent au profit de l'église, les chansons se transformèrent en cantiques, et le travail vint vivifier et assainir ce village, jusqu'alors malsain et improductif.

Le Père ✳✳✳ avait fondé en peu de temps un orphelinat et un asile pour les vieillards.

Lorsque je vins visiter l'établissement des Pères,
je fus surtout frappé par ce luxe de la vie religieuse qu'on appelle la *propreté.*

Tout se présentait brillant aux regards char-
més ; des salles bien aérées, bien frottées; pas
une tache sur les murs ! L'infirmerie surtout faisait plaisir à voir ! C'eût été en vain qu'on y eût
cherché un grain de poussière; en vain que le
seul malade qui s'y trouvait eût pu craindre un
instant d'y être importuné par une mouche.

Le malade dont je parle était un petit berger
arabe qui, dans je ne sais quelle querelle, avait
reçu un coup de couteau dans la poitrine.

On l'avait amené expirant au couvent des
Pères.

De quels soins touchants ne fut-il pas l'objet !

Le docteur *** était auprès de lui lorsque j'en-
trai dans l'infirmerie.

Avez-vous jamais assisté à une grave opéra-
tion, à l'une de ces opérations majeures, qui
atteignent le fond de la vie?

Quand les premiers coups hardis et sûrs ont
tranché le mal, et qu'il s'agit de réparer les rava-
ges du remède; tandis que la vie s'échappe à

grands flots, et qu'un désordre affreux semble
être irréparable, regardez cet homme calme,
ferme, assuré, les yeux et les doigts plongés
dans les retraites les plus cachées de la vie, opé-
rant avec un sang-froid prodigieux la reconsti-
tution de ce corps qu'il tient entre vie et mort
dans ses mains. Vraiment il est grand à voir.
Tandis que tous pâlissent, lui travaille, et dites-
moi, connaissez-vous travail qui approche d'aussi
près celui de Dieu même, pétrissant au premier
matin le corps du premier homme.

Le docteur *** fit devant moi une de ces opérations dont je parle, tandis que je chloroformais
le petit Arabe.

Tout en assistant au terrible spectacle de cette
lutte entre la vie et la mort, je me sentais saisi
d'un religieux respect pour le docteur ***.

Il me disait entre autres choses :

— Il faut attendre peu du médecin, et tout de
Dieu. Pour moi, ajoutait-il, je me rappelle toujours ce mot profond d'Ambroise Paré, de cet
homme illustre qui, après avoir souvent conquis
sur la mort par des prodiges d'habileté la vie
d'un homme, se plaisait à dire :

« *Je le pansay, Dieu le guarit.* »

Le docteur est un grand et beau jeune homme
de vingt-cinq à vingt-huit ans. Il a le teint d'une
mate blancheur qui fait ressortir le limpide azur
de ses yeux. Il est de taille moyenne, bien cam-
bré, fin et robuste ; l'air doux et résolu ; l'épaule
large, les extrémités minces. Il y a en lui un
mélange de grâce et de force d'un effet irrésisti-
ble. Le pinceau ne trouverait pas un ovale plus
parfait que celui de sa figure.

Mais cette beauté corporelle n'est rien auprès
de la beauté de son âme.

Un des Pères de Misserghin me disait en par-
lant de lui :

— Vous ne vous imaginez pas, Monsieur, jusqu'où va la charité du docteur. C'est quelque
chose d'incroyable. Non-seulement toutes ses vi-
sites sont gratuites, mais jamais il ne fait payer
aucun de ses remèdes ; et, pour qu'on ne s'y
trompe pas, il a affiché lui-même à sa porte un
petit avis annonçant qu'il ne lui était rien dû pour
ses soins... Ce que cet homme de bien a fait pour
Misserghin dépasse toute idée. Comprenant combien l'absinthe causait de maladies, on l'a vu se

mettre presque à genoux devant les buveurs pour les supplier de renoncer à cette boisson, qui a tant fait de mal à notre colonie, véritable poison qu'un gouvernement intelligent devrait proscrire à l'égal de l'opium, de l'arsenic et de la digitaline.

Ainsi me parlait le bon Père de Misserghin, et il ajouta :

— Notre très-révérendissime Père *** a prié le docteur de venir souper au couvent : et vous aurez l'occasion de causer ainsi avec celui que nous n'appelons jamais autrement que *notre bon docteur*.

En effet, sur les sept heures, le docteur entra dans le réfectoire des Pères, et vint prendre place à la droite du Père ***, qui m'avait fait l'insigne honneur de me placer à sa gauche.

Il faut avoir le sens de la vie religieuse pour comprendre un repas de religieux.

Dans l'étroite observance de la règle établie par le très-révérendissime Père supérieur, le silence doit être absolu pendant les repas, mais la présence d'un étranger de distinction vient tempérer par quelques adoucissements ce que ce silence pourrait avoir de trop rigide.

Ainsi, pendant le souper dont je parle, après la soupe maigre et un excellent plat de haricots, fut-il permis à chaque Père de prendre tour à tour la parole sur un sujet donné par le Très-Révérendissime.

Ce sujet fut ce jour-là : *l'éloge de saint Jean-Baptiste.*

On se serait cru transporté aux premiers temps de l'Eglise, alors que tous les entretiens n'avaient qu'un seul but : glorifier l'avénement de notre Sauveur Jésus-Christ.

Après le plat dont j'ai parlé, on servit une salade, puis une orange, et le dîner fut terminé par d'amples actions de grâces.

J'avoue en toute humilité que je ne comprenais pas comment des religieux qui travaillent autant que les Pères de l'Annonciation pussent se contenter d'une aussi pauvre nourriture ; mais le docteur voulut bien me montrer, par des exemples de force et de longévité, qu'il n'est rien de tel que la sobriété pour maintenir le corps en parfait état de santé.

— Songez, me disait-il, à tous ces solitaires, tous ces anachorètes de la Thébaïde. Qu'est-ce que l'abstinence que supportent les Pères de Misserghin comparée à celle d'un saint-Antoine, qui n'avait que du pain d'orge et du sel pour toute nourriture, et qui cependant ne mangeait que tous les deux jours; à celle d'un Hilarion, qui ne vivait que de lentilles trempées dans l'eau froide; enfin à celle d'un saint Siméon Stylite, qui pétrissait son pain avec de la cendre, et passa sur sa colonne vingt-huit carêmes sans manger?... Eh bièn! saint Antoine, saint Hilarion et saint Siméon Stylite sont morts tous les trois centenaires... tandis qu'aujourd'hui!...

— D'accord, dis-je au docteur; avouez cependant qu'il est assez pénible, lorsqu'on a planté tant et de si belles vignes comme les bons Pères de l'Annonciation, de se voir condamné par les règles de son ordre à ne boire jamais que de l'eau claire.

— Eh! Monsieur, voyez-vous un seul de nos Pères avoir mauvaise mine?

— Non, c'est vrai.

— Et moi-même, me trouvez-vous bien pâle?

— Nullement.

Le docteur eut un doux sourire.

— Vous voyez, car moi aussi je ne bois jamais de vin.

— Est-ce possible ?

— Très-possible, et même très-certain. Lorsque je vins habiter Misserghin, je ne pouvais pas comprendre qu'on pût se passer de boire du vin; mais l'exemple des bons Pères m'a vite gagné!

O noble cœur! ton apostolat ne sera pas resté stérile, et si, lorsque tu vins à Misserghin un Arabe te salua en ces termes : « *el Kamel djah!* » *le parfait est arrivé!* lorsque tu quitteras ce monde (et puisse le ciel t'accorder une vie pleine de jours), lorsque tu quitteras ce pays embaumé du parfum de tes vertus, Misserghin te saluera du nom de sa *Providence*.

J'écris ces notes de voyage un peu au hasard de mes souvenirs; que mes jeunes lecteurs soient indulgents.

Avant de quitter Misserghin pour Tlemcen, où je vais conduire mes lecteurs en question, j'ajoute qu'il n'est pas possible de voir des vieillards plus heureux que ceux dont les bons Pères prennent soin dans leur établissement.

Sans doute, il n'est pas permis à ces vieillards de boire autre chose que le vin qu'il leur est accordé pour leurs repas; sans doute ils ne peuvent ni jouer aux cartes, et encore moins fumer dans leurs magnifiques dortoirs : cela même est un bien; mais, pour quelques privations nécessitées par le règlement, que de soins touchants, et surtout quelle admirable propreté!

Le peu de place que je veux donner à la relation de mon voyage en Algérie ne me permet pas de raconter toutes les belles fêtes religieuses que j'ai vues à Misserghin, cérémonies imposantes, auxquelles la musique de l'Orphelinat ajoutait encore plus de solennité.

J'ai entendu dire que le jour de la Fête-Dieu, le Très-Révérendissime Père *** et monsieur le curé de Misserghin, après s'être unis dans une même procession, faisaient tirer un magnifique feu d'artifice acheté à frais communs.

Voyez combien Misserghin est changé!

Le jour de la Fête-Dieu, pas un cabaret ne reste ouvert!

• • • • • • • • • • • • • • • • • •

La diligence qui fait le service entre Oran et Tlemcen arrive ordinairement dans cette dernière ville sur les six heures du matin.

On entre par la porte Bou-Médine, et on suit l'avenue du Méchouar.

Cette avenue est une merveille.

Figurez-vous une triple rangée de peupliers blancs, de platanes, d'acacias, de micocouliers, de melias azédaracs, dont l'ombre est si épaisse en été que le ciel n'apparaît que comme des taches bleues, ou plutôt comme d'étincelantes fleurs bleues à travers la verdure.

En 1842, cette promenade du Méchouar était célèbre par sa malpropreté.

Depuis cette époque on s'appliqua à l'assainir. Des édifices furent élevés, mais les matériaux sont très-chers à Tlemcen, et la plupart de ces édifices sont mesquins.

Quant aux quartiers indigènes, ils sont véritablement affreux; ce ne sont que ruines, au milieu desquelles beaucoup d'habitants se sont créé des abris. « Derrière le cercle militaire, dit » M. de Lorral dans son ouvrage sur Tlemcen, il

» y a un dédale inextricable de masures en
» pisé, de pans de murs branlants; ce sont les in-
» valides de l'architecture arabe. Presque par-
» tout les intérieurs sont misérables; une natte
» sert de lit; un coffre en bois peint (*sendouk*)
» renferme les vêtements et le linge ; deux ou
» trois ustensiles de cuisine, un réchaud en
» terre, des plats en peuplier, et c'est tout... »

Lorsque j'arrivai à Tlemcen, je descendis à
l'Hôtel de France. Cet hôtel, le seul convenable
de la ville, était rempli de commis-voyageurs,
jolis petits jeunes gens bien peignés, bien gantés,
bien cravatés, tirés à quatre épingles, véritables
gravures de mode en voyage.

Ils étaient là une vingtaine, tous plus gourmés,
plus sentencieux les uns que les autres; mais
ce qui empêchait qu'on ne les prît pour des clercs
de notaire, des coiffeurs, ou des membres du
Jockey-Club, c'était moins leur cravate, leur gi-
let, leurs doigts et leurs manchettes chargés de
bijouterie, que leur intarissable loquacité et leur
goût beaucoup trop vif pour le calembour, les
rébus et les charades.

Je me consolai de la présence de ces messieurs

les commis à l'Hôtel de France dans la société
d'un aimable avocat du barreau de Tlemcen.

Cet avocat, d'une piété exemplaire et qui com-
munie tous les mois, me donna d'intéressants
détails sur les rapports qui existent entre les différentes sectes religieuses qui vivent ou plutôt
végètent à l'ombre de l'Eglise, comme des cham-
pignons à l'ombre d'un magnifique chêne.

— Chose surprenante, me disait le pieux avocat dont je parle, saint Joseph (Sidi-Yacoub) est
à Tlemcen aussi vénéré par les juifs que par les
musulmans. D'après les juifs, Sidi-Yacoub, l'époux
de Lalla Meriem (la très-sainte Vierge Marie) serait apparu plusieurs fois à Tlemcen, tout proche
du marabout de Sidi-Aouheb.

D'après un article publié par M. Darmon dans
la *Revue africaine*, c'est après la destruction du
temple d'Onias que les Israélites égyptiens se-
raient venus en grand nombre se réfugier à
Tlemcen. Les persécutions en amenèrent aussi
beaucoup en Algérie, et particulièrement dans
la province d'Oran. Le rabbin Ephraïm Ankaoa,
mort en 1442, cinquante ans avant que sa
race eût été expulsée de l'Espagne, est consi-

déré comme le fondateur de la communauté judaïque.

Le recensement de 1872 accuse que cette communauté de Tlemcen renferme une agglomération de trois mille deux cent vingt-un juifs, tous entassés dans des logements insuffisants, eu égard à leur innombrable progéniture.

Toutefois, leur bien-être va en augmentant, tandis que les musulmans sont en décadence.

Les maisons européennes qui se construisent dans la ville sont en grande partie la propriété des juifs, qui, intelligents, doués du génie de la banque et du commerce, sont appelés à Tlemcen, comme dans toutes les villes de l'Algérie, à profiter de notre conquête, non comme Français, mais comme juifs.

Et non-seulement Israël possède presque toutes les maisons de Tlemcen, mais surtout ses magnifiques jardins.

Or les jardins de Tlemcen ne représentent pas moins de six cent soixante-dix hectares, renfermant cinquante mille pieds d'oliviers.

Voyez d'ici la richesse, car je ne parle ni des vignes, ni des pâturages, ni des vergers.

Où trouver en Algérie une région aussi favo-
risée ?

Où en trouver une plus gracieuse, plus char-
mante ?

Au mois de décenbre, les narcisses embau-
ment l'air de leurs parfums pénétrants; bientôt
les pervenches étalent leurs corolles bleues en-
tourées d'un feuillage éclatant. Puis ce sont les
violettes qui foisonnent, trois mois durant, pour
céder la place aux lilas, aux mahonias des jardins, aux iris des prairies herbeuses. Les acacias
blancs et roses ont leur tour, au moment où les
vernis du Japon font éclater leurs bourgeons
bruns et ébauchent leurs verts panaches.

Ajoutez ici un pont rustique jeté sur un tor-
rent; là, de véritables labyrinthes de verdure; à
chaque pas, des ruines grandioses.

Voyez ce cimetière arabe avec ses *koubbas*, ses
tombes, ses oliviers, ses térébinthes, ses micocouliers groupés dans un désordre plein de
grâce; et surtout admirez cette longue file de
fantômes blancs se glissant silencieux parmi les
tombes : ce sont des femmes... A votre vue, elles
se voileront précipitamment; mais, à travers

leurs *haïks* (manteaux) deux yeux curieux vont vous examiner, et des rires argentins se feront bientôt entendre.

Dans le cimetière chrétien, qui est du côté nord de la ville, j'ai remarqué une tombe littéralement couverte de violettes. Il y avait sur une simple pierre sans sculpture et portant pour toute inscription ce seul nom *Louise!* des bouquets qu'on aurait payés vingt-cinq francs à Paris et à Nice... Il est vrai que ces bouquets n'avaient coûté ici que la peine de les cueillir.

. . . .

Le cercle de Biskra formait la province du Zab. Ce nom de Zab est de la plus haute antiquité, car il est antérieur à l'occupation romaine. A quel idiome faut-il le rattacher? quelle signification faut-il lui donner? Aux savants le soin de résoudre ces deux questions.

Cette dénomination de Zab, qui ne s'applique plus qu'aux oasis dont Biskra est le chef-lieu, comprenait autrefois le Hodna, car nous trouvons les villes de Zabi et de Médiana Zabuniorum dans le nombre de celles qui dépendaient du grand chott du Hodna.

Procope lui donne plus d'étendue encore. Selon lui, la province du Zab serait la première Mauritanie, ou Mauritanie Sitiffensienne, ou tout au moins le sud de cette grande division de l'Afrique chez les Romains.

Selon Ebn Khaldoun, les oasis du Zab étaient habitées par des fractions de la grande tribu des Zenata (tribu berbère), tandis que les tribus de l'Aurès étaient de la descendance des Brams, fils de Bers, dont descendent les Aureba et les Sanahdja.

Tout le pays que nous appelons aujourd'hui le Sahara correspond à peu près à l'ancienne Gétulie.

Comme à toutes les époques de l'histoire d'Afrique, histoire dont nous ne savons rien en-dehors de l'Egypte, de Cyrène et de Carthage, le sud était, dans la grande lutte de Jugurtha, le refuge des vaincus du Tell.

Jugurtha, battu dans la Numidie, la Mauritanie, gagnait la Gétulie, et y trouvait encore des ressources et des soldats pour recommencer de nouveaux combats.

Lorsque, sous les efforts de la politique et des

armes de Marius, Jugurtha fut définitivement
vaincu, le Zab fit partie du royaume de Numidie.

Sous la domination romaine, on sait que les
Gétules se soulevèrent, que la guerre, prenant
son point de départ dans le Zab, dura plus de
trente ans; et ne fut terminée, l'an 6 de notre
ère, que par Encius Cornélius Cossus, qui triom-
pha et reçut le nom de Gétulique.

Tacite nous représente Tacfarinas, qui fomenta
cette sanglante révolte, retrouvant toujours, lui
aussi, dans le sud (le Djérid actuel) le moyen de
se relever de ses défaites, et l'on sait par cet historien que la troisième légion Auguste avait été
établie à Lambèse pour mieux dominer l'Aurès
et le Zab, et préserver la Numidie des orages
qui s'y formaient sans cesse.

A une lieue au sud d'El-Kantara, on voit encore les ruines d'un poste romain.

Ce sont les vestiges du *Burgum speculatorum*,
(le fort des Eclaireurs), construit du temps de
Caracalla (212 à 217 de J.-C.).

Ainsi donc, près de deux cents ans après l'établissement de la troisième légion, à Lambèse, les
Romains étaient encore obligés de garder mili-

tairement cet important passage du Tell au Sahara.

Biskra devait être le siége de la domination romaine dans le Zab. Sa position géographique le voulait alors, comme aujourd'hui. Ce qui prouve du reste qu'il en était ainsi, c'est que nous trouvons cette ville reliée par de grandes voies à Lambèse, à Tubuna, à Theveste.

L'établissement principal des Romains semble avoir été sur la rive gauche de la rivière (l'Oued-Biskra). C'est là qu'était l'*Ad Piscinam* des itinéraires.

La rive droite n'avait qu'un poste militaire, un *Præsidium*.

Ces deux noms, donnés par les Romains, s'appliquaient à leurs établissements nouveaux et ne mentionnent pas l'ancien nom du pays. Ne faisons-nous pas la même chose actuellement en donnant à notre établissement militaire le nom de fort Saint-Germain, et à l'établissement civil celui de R'a-Zelma, mot qui signifie Tête-des-eaux.

Le nom primitif de Biskra paraît avait été Vescerita ou Bescerita (on sait que la permuta-

5

tion du V en B et réciproquement, était fréquente chez les anciens), d'où le génitif latin Bescera.

Ce qui semblerait donner une certaine probabilité à cette étymologie, c'est que le Kamous El Mouhith dit que Biskara tire son origine de Bessera el *Nkr'aïl* (Bessera aux palmiers).

Inutile d'insister sur la parenté évidente de Bescera et Bescerita.

On l'appelait Bescera *Nkr'aïl*, pour la distinguer d'une autre Bescera, située près de Tanger.

Ne pouvant donner à notre notice qu'un cadre restreint et manquant au surplus de renseignement certains sur les faits dont Biskra a pu être le théâtre pendant l'invasion des Vandales, pendant la domination des Aghlabites (766) et des Hammadites (908), qu'il nous soit permis de franchir les siècles et d'arriver à l'année 1541, au moment où le sultan Hassem arracha pour toujours Biskra à la domination de Tunis.

Ce fut Hassim Agha, ce Corse rénégat, illustré par sa défense d'Alger contre Charles-Quint, qui s'empara du Zab et de Biskra.

A dater de cette époque, les prépondérances politiques passent aux **grands chefs arabes** pour

tous les pays de plaines. La race berbère ne conserve son existence à part que dans les régions
montagneuses.

Biskra devient alors la ville importante du Zab.
Les Turcs y tiennent garnison dans la Casbah,
bâtie au nord de la ville, et un petit fortin bâti
sur l'extrémité d'une colline pierreuse commande la tête du canal de dérivation qui mène
l'eau de l'Oued-Biskra à l'oasis.

El-Aïachi, ce pèlerin qui nous a laissé la relation de son voyage, passait à Biskra en 1662.

Déjà, suivant lui, Biskra était en décadence
sous le gouvernement oppressif des Turcs et les
rapines des Arabes.

La population diminuait, les maisons tom-
baient en ruines ; le commerce seul y maintenait
des habitants.

« Et cependant, dit El-Aïachi, de l'est à
» l'ouest je n'ai jamais vu ville plus belle et
» plus digne d'éloges, et où il y ait plus d'in-
» dustrie.

Cinquante ans plus tard, un autre pèlerin,
Moula Ahmed, visite Biskra et renchérit en quelque sorte sur El-Aïachi.

« Biskra, dit-il, est une belle et grande
» ville, la population est nombreuse, le com-
» merce actif, l'agriculture florissante; on y voit
» beaucoup de grands édifices, les savants y
» sont nombreux.

Ainsi, grâce à l'excellence de sa position géographique, à la fertilité de son sol, à ses relations
commerciales entre le Sahara et le Tell, dont elle
était un vaste entrepôt, Biskra avait trouvé le
moyen de résister au désordre et à l'anarchie
des Turcs, conquérants qui n'ont jamais su
qu'exploiter un pays et jamais l'administrer.

En 1710, Moulah Ahmed revient encore à
Biskra et trouve cette ville en pleine prospérité,
mais il est le dernier hadj qui constate son
existence.

A quelle époque la ville a-t-elle été détruite?
On l'ignore complètement, mais on pense qu'elle
a été abandonnée.

La position de Biskra offrait une analogie complète avec la position actuelle de Tuggurth; un
large fossé sans écoulement entourait la ville.

Ce fossé était une cause permanente d'insalu-
brité.

A la suite d'une peste terrible, les habitants sans doute se dispersèrent dans l'oasis et se construirent des gourbis, et la politique turque sut tirer habilement parti de cette circonstance.

Biskra était une place assez forte et avait été souvent assiégée en vain. Elle avait été et elle pouvait redevenir un foyer sérieux d'insurrection.

C'était un danger pour les Turcs, que l'existence d'une pareille cité placée à l'entrée du Sahara, si loin de leurs autres centres de puissance et d'action.

Moitié de gré, moitié de force, les Turcs amenèrent les habitants de Biskra à ne plus retourner sur ce plateau pestilentiel, à changer alors leurs gourbis en maisons, et ainsi furent fondés les six villages actuels.

Aujourd'hui, de toute la grande et belle cité qui faisait l'admiration des voyageurs, il ne reste plus qu'un vaste plateau informe.

Un minaret était encore debout, celui dont parlait Moulah Ahmed, et qui avait cent vingt marches. Il s'est écroulé au mois d'octobre 1830.

La ville moderne, construite en 1851, sur les

tracés des commandants Rose et Brémiond, est
bornée au nord par la chaîne du Masraf; à l'est
par les montagnes qui portent le nom poétique
de *joue rose*, Djebel-R'azal; à l'ouest par les oasis
du Zab, et enfin, au sud par le Sahara.

Biskra forme deux villes parfaitement distinctes,
la ville militaire et la ville commerçante.

La première est formée par le bordj Saint-Germain, vaste rectangle qui n'a pas moins de quatre cents mètres de longueur sur deux cents de
largeur environ. Le bordj enferme dans ses murs
des casernes, des écuries, un hôpital, une manu-
tention pouvant fabriquer six à sept mille
rations par jour, des silos et des caves pour recevoir des vivres et des liquides; enfin des citernes
contenant neuf cents mètres cubes d'eau.

Un parc magnifique planté de palmiers, de ci-
tronniers, de gommiers et d'arbres d'essences
diverses sépare le fort Saint-Germain des constructions à arcades qui comprennent l'hôtel du
Sahara, le commissariat de police, le mess des
officiers du troisième bataillon d'Afrique, et le
cercle des officiers de la garnison.

Nous n'oublierons jamais le gracieux accueil

que nous reçûmes à ce cercle, et quelle joie ce fut pour nous d'y rencontrer des cœurs sympathiques dont le souvenir nous sera toujours cher.

Au milieu du parallélogramme formé d'un côté par le fort Saint-Germain, de l'autre par les divers établissements que nous venons de désigner, s'élève l'église de Biskra.

Cette église, dédiée à saint Bruno, est de style roman et a été construite en 1862, par un officier du génie, le commandant Richard. L'intérieur est orné d'un autel en granit rouge du col de Sfa et au fond de la nef par une peinture murale, représentant Notre-Seigneur Jésus-Christ bénissant l'assemblée des fidèles.

Dans le fait, il ne bénit malheureusement que le vide, car je n'ai jamais vu église plus délaissée. Le dimanche, à la grand'messe, c'est un spectacle navrant, et sans deux ou trois dames d'officiers et six négrillons achetés par M. le curé de Biskra dans le Souf, celui-ci pourrait se comparer au Précurseur. Il prêcherait dans le désert.

La ville commerçante s'étend du côté du sud.

C'est le R'a-zelma (tête des eaux), l'ancienne *Ad Piscinam* des Romains.

Tõutes les rues sont tirées au cordeau et sillon-
nées par les nombreuses séguias dérivées de
l'Oued-Biskra.

Les maisons sont construites sur le même mo-
dèle, avec des *toubes*, espèces de cubes en terre
glaise mêlée avec du fumier et du sable, et fabriqués par les indigènes, à l'aide d'un moule.

La halle construite une première fois en 1857,
et s'étant écroulée, reconstruite en 1860, est toute
en pierre avec arcèaux en briques cuites. Le
coup d'œil que cette halle présente, surtout le
matin, est des plus animé.

Là seulement on peut juger des transactions
qui s'opèrent à Biskra, entre le Tell et le Sahara,
sur les matières premières : graines, laines,
bestiaux, dattes, etc., etc.

Ce n'est partout que *khaïdous* purs, ou burnous
fabriqués avec de la laine d'agneau noir; que
keskès, plat employé pour la préparation du kous-
koussou ; *tabag*, plat moins profond que le keskès,
dans lequel on offre les dattes; *guenissa*, tasse
qui sert à traire les chèvres; *sindouk*, amphore
où l'on conserve le blé, l'orge ou les olives, et

l'on a ainsi sous les yeux tous les types, assez restreints du reste, de l'industrie indigène

Rien de plus éloquent que les chiffres. Le droit de place au marché de Biskra est affermé trente mille francs par an, et chaque jour il entre et sort à ce marché près de mille kilos de marchandises, sur lesquels six cents restent à Biskra pour les besoins de l'oasis.

L'oasis, habitée par cinq mille indigènes, couvre environ mille deux cents hectares de superficie, et est divisée en six villages dont voici les noms :

Bab Darb.

Bab Ebralgel.

Rasse Elgrïa.

Medjniche.

Guedacha.

Elmside.

Tous ces villages, arrosés par l'Oued-Biskra, ne renferment pas moins de cinq cent mille palmiers. Chaque palmier se vendant de cinq à sept francs; et le rapport de cet arbre, qui donne de quatre-vingts à cent kilos de dattes, étant évalué de cinq à quarante francs (à Biskra le rapport moyen est de dix francs, on voit de suite quelle est la richesse de l'oasis.

Cette richesse est d'autant plus grande que sous tous ces palmiers, grâce à la parfaite réglementation des eaux, on cultive durant toute l'année des légumes : navets, oignons, carottes, piments, courges, pastèques, etc., et surtout la luzerne (saffssa) qui fournit jusqu'à six coupes par an. La culture du coton, introduite primitivement dans la plaine d'El-Outaïa, s'étend de plus en plus dans l'oasis.

Le touriste, séduit par l'aspect de cette végétation vigoureuse, ne cesse de s'extasier, et cela se comprend : il ne vient ici que pendant la belle saison, c'est-à-dire pendant l'hiver. Or, l'hiver à Biskra est d'une beauté absolue. On s'y croirait dans le paradis terrestre.

Au commencement de mars ce n'est que parfum, que verdure. Toutes les fleurs sont épanouies; mais vienne le mois de mai, et c'est à qui se sauvera au plus vite.

Au mois de juin tous les habitants ont disparu, et il ne reste plus à Biskra que la garnison, les indigènes pauvres et quelques commerçants depuis longtemps acclimatés aux chaleurs de son été.

Cette chaleur, à laquelle nous avons fait allusion dans un petit poème, est tout ce qu'on peut imaginer de plus épouvantable. La chose est facile à comprendre : Biskra est adossé contre les montagnes de l'Aurès, et pour ainsi dire au fond d'une cuvette. Toute la chaleur du Sahara se concentre sur la ville, qui ne reçoit jamais aucune brise du nord.

Pendant les mois de juin, juillet et août, le thermomètre jour et nuit marque invariablement 45°. Exposé au soleil, le thermomètre ne monte plus, il se brise. L'eau dans le bassin de la caserne ne descend pas au-dessous de 27°, et messieurs les officiers du cercle n'ont jamais pu arriver à boire de l'eau qui ait moins de 24°.

Il est vrai que la différence entre l'air ambiant et l'eau étant de près de 20 degrés, celle-ci, quoique plus que tiède, paraît fraîche.

On conçoit sans peine ce que doit être Biskra sous l'influence d'une chaleur pareille. Les arbres sont dépouillés de leur verdure, la terre est calcinée, crevassée. Un silence de mort règne sur toute la ville depuis neuf heures du matin, moment où on sonne la retraite, jusqu'à trois heures, instant où le clairon donne le signal du réveil.

Tout soldat trouvé non-seulement dehors la caserne, mais même dans la cour de la caserne, est puni de prison.

Une mesure aussi rigoureuse était nécessaire pour obliger nos troupiers à ne pas s'exposer à l'insolation. L'insolation est ici instantanée et inévitablement mortelle.

On raconte qu'en 1873, un soldat frappé d'une insolation foudroyante entraîna par sa mort celle de quatre de ses camarades, d'abord celle des deux soldats qui vinrent pour relever son cadavre, puis des deux autres qui, comme fossoyeurs, avaient, au cimetière du champ de manœuvres, commencé à creuser sa tombe.

A Biskra tout le monde pourra vous attester le fait.

Si l'oasis de Biskra, avec ses eaux courantes, ses palmiers, ses bambous, ses gommiers, ses bananiers, avec sa population pittoresque,

«... et ses nuits étoilées,
» Ses adorables nuits plus belles que ses jours, »

si cette oasis, est, comme nous l'avons appelée, la *perle de l'Algérie*, l'émeraude du Sahara, elle justifie pleinement aussi l'accusation que nous avons portée contre elle et qui nous a fait supposer que

« ... les damnés sont au frais dans leurs caves,
» Comparés aux soldats qui l'habitent l'été. »

Encore si les *Joyeux*, comme on appelle en Algérie les soldats des bataillons d'Afrique, n'avaient à souffrir que de la chaleur ; mais ils contractent, pour la plupart, l'ophthalmie purulente, et surtout le clou de Biskra.

Ce clou si redouté des Européens est le même que celui d'Alep ; c'est une énorme grosseur de trois à quatre centimètres à la base, et qui fait saillie d'un centimètre sur la peau. Ce clou ne vient jamais seul, et il y a ici des officiers non mariés, et dont, par conséquent, je me garderai bien de donner les noms, qui en ont vingt, trente et plus.

Ces clous viennent n'importe où, aussi bien ailleurs que sur le bout du nez. Quant ils sont guéris, il reste une marque circulaire d'un bleu violacé qui produit sur le visage un singulier effet.

Disons, pour terminer cette courte notice, que Biskra est un territoire militaire, et que toutes les directions de l'administration française y sont représentées.

C'est tout un petit état ayant ses douanes, son trésor, ses troupes, état dont le vice-roi est le chef d'escadron Getz, lequel a le titre de commandant supérieur du cercle.

Singulier pouvoir que le sien, pouvoir auquel rien en France ne peut être comparé.

Ayant sous ses ordres son bureau arabe, il surveille la population indigène ; se tient au courant de tout ce qui se passe chez elle; contrôle l'administration des chefs arabes ; écoute journellement les plaintes portées par ses administrés, et dans un très-grand nombre de cas, juge avec plein pouvoir, sans appel, sans règle établie à l'avance. Il propose la nomination et la destitution des aghas, caïds et cheiks de son cercle; surveille la conduite et l'administration des kadhis, exerce une surveillance active sur les marchés arabes, assure la sûreté des routes, là tranquillité du pays; commande les forces indigènes, etc., etc.

On croit toujours en avoir fini avec les attribu-
tions du commandant Getz; impossible!... plus
on avance, plus on en découvre d'autres.

Seul il établit les rôles d'impôt, qu'il augmente
ou diminue, assure le payement des amendes,
régularise les papiers, marie, enterre, et résumant
en lui tous les pouvoirs civils et militaires, s'il
jouit de grands honneurs, ce n'est toujours pas
dans une sinécure.

Ajoutons pour dernier mot que le commandant
Getz est à la hauteur de la mission qui lui a été
confiée.

Sous son administration et grâce à l'intelligent
concours qu'il trouve dans le commandant Sé-
veno, chef du troisième bataillon d'infanterie
légère d'Afrique, l'oasis s'embellit chaque jour.

Encore quelques années, et Biskra deviendra
la station d'hiver la plus recherchée de toute
l'Algérie.

Qui donc veut passer l'hiver loin des frimas,
doit venir à Biskra. Il est difficile de trouver un
site plus enchanteur; grâce à l'urbanité de MM. les
officiers de sa petite garnison, il est impossible
de trouver une ville plus aimable.

LA BATAILLE DE STAOUÉLI [1]

Le 13 juin 1830, à midi, trois cents voiles, l'a
miral en tête, se trouvaient en avant de la rade
d'Alger.

L'armée en grande tenue, l'enthousiasme au
cœur et la joie au visage, était sur le pont des
vaisseaux et contemplait le magnifique spectacle
qui se déroulait sous ses yeux.

La mer était calme, le ciel pur, l'air embaumé
des senteurs de la terre.

J'étais colonel de mon ancien régiment, le 30ᵉ
de ligne, et faisais partie de la 3ᵉ brigade de
la 1ʳᵉ division.

Cette division était commandée par le lieute-
nant-général de Berthezène, et la 3ᵉ brigade par
le baron Clouet.

J'étais avec mon régiment sur la *Sirène*, l'un
des vaisseaux de guerre de la 2ᵉ escadre.

Mes hommes, joints aux marins, chantaient en

(1) *Extrait du Trappiste de Staouéli*, par E. Delaunay.

chœur des hymnes militaires qu'accompagnait la musique du régiment.

La flotte resta quelque temps dans la rade comme pour donner à l'ennemi le temps de compter ses voiles; puis, sur l'ordre de l'amiral Duperré, qui la commandait en chef, elle doubla la pointe Caxine, mit le cap sur Sidi-Ferruch et se porta majestueusement dans cette direction sous les yeux des Algériens.

L'ordre de jeter l'ancre est donné.

Nous nous attendions à une vigoureuse résistance, il n'y en eut pour ainsi dire pas.

Une batterie, construite en avant de Torre Chica, se trouvait désarmée; mais une autre, placée un peu plus loin et masquée par les dunes, nous lança quelques bombes; elle s'éteignit sous le feu du vaisseau le *Nageur*.

Le soleil se couche à l'horizon, les broussailles, au milieu desquelles on avait vu voltiger tout-à-l'heure les burnous des Arabes, deviennent désertes; puis le croissant de la lune se détache des cimes de l'Atlas.

Un large silence, que trouble seul le bruit des vagues, règne sur la flotte française.

Déjà la mer rougissait aux rayons du jour, et dans les hautes plaines de l'éther, l'aurore vermeille resplendissait sur son char de rose... En deux mots, il était six heures du matin lorsque les navires de la 2ᵉ escadre, ayant à bord notre division, se formèrent en ligne parallèle au rivage.

Le signal de débarquement donné par le vaisseau amiral, toutes les embarcations sont mises à l'eau.

Bientôt d'innombrables chaloupes, hérissées de baïonnettes, s'avancent lentement et avec ensemble vers le rivage.

On n'entend que le bruit cadencé des rames qui frappent la mer.

Un remorqueur entraîne vers la plage le bateau sur lequel je me trouve avec le 1ᵉʳ bataillon de mon régiment.

Dès que mes soldats peuvent aborder sans crainte de mouiller leurs gibernes, ils se jettent dans l'eau.

Je me place à leur tête. Nous courons, nous volons, nous nous élançons vers la tour de Torre Chica. En un clin d'œil elle est escaladée et j'y fais arborer le drapeau blanc, le drapeau de la France !

Hier encore, si morne et si solitaire, la plage de Sidi-Ferruch ce soir a changé d'aspect. Le sol est déblayé de ses broussailles, des cabanes de feuillages s'improvisent, les tentes se dressent, les ambulances s'établissent ; chaque corps, chaque service administratif forme un quartier distinct.

Partout la vie et le mouvement. Les accents du clairon et le bruit du tambour se mêlent aux chants des soldats.

La nuit arrive calme et sereine. Le ciel pur se parsème d'étoiles, la lune brille doucement sur les flots, et sa lumière argentée fait resplendir les baïonnettes.

Aux premières lueurs du matin, des Kabyles, puis des fantassins arabes conduits par des cavaliers turcs, couronnent le plateau de Staouéli.

Ce plateau, d'un assez grand développement et qui s'élève à cent cinquante mètres au-dessus du niveau de la mer, était couvert d'une végétation active et sillonné par plusieurs ruisseaux.

De temps immémorial les bergers arabes

avaient choisi cette oasis pour y établir leur *douair* à la belle saison.

C'est là que s'était effectuée la réunion des forces algériennes, sous les ordres d'Ibrahim, agha des janissaires et gendre du dey.

Le camp d'Ibrahim présentait la forme d'un croissant et était protégé par une redoute armée de pièces de gros calibre.

Sur les ondulations de terrain qui précédaient cette redoute, les Algériens avaient disposé en tirailleurs des milliers de Kabyles, qui avaient profité des ténèbres pour s'approcher sans bruit, pas à pas, de broussaille en broussaille, jusqu'à la portée de nos avant-postes.

Les collines étaient couvertes de Bédouins qui descendaient serrés et tumultueux, faisant disparaître la verdure sous leurs blancs manteaux comme sous une épaisse couche de neige.

Un coup de canon tiré du camp d'Ibrahin donne le signal de la bataille.

Aussitôt les innombrables tirailleurs kabyles se lèvent comme des fantômes et font une première décharge ; la milice turque descend du plateau, et, se couvrant d'une ligne de feu, se précipite avec furie sur la gauche de nos bivouacs occupés par notre brigade.

Les cavaliers arabes fondent sur nous la lance baissée ; nous les recevons vigoureusement et avec un sang-froid admirable.

En vain, poussant des cris sauvages, ils essayent de répandre la terreur, nous restons inébranlables et leur opposons toujours avec succès nos terribles baïonnettes.

Cependant leur nombre augmente ; les boulets pleuvent sur les colonnes de notre brigade et y font de larges trouées.

Dans quelques instants la première ligne de nos postes est ébranlée, nos retranchements sont envahis, et le général de Berthezène nous donne l'ordre d'abandonner nos positions et d'en prendre d'autres plus en arrière.

Nous exécutons ce mouvement rétrograde, quand nous nous trouvons assaillis tout-à-coup par une nuée de cavaliers et de fantassins qui débouchent des vallons et des dunes.

Mon régiment formait l'arrière-garde.

— Halte et face à l'ennemi! criai-je à mes hommes.

Mon brave 30ᵉ fait volte-face.

Le soleil levant éblouissait nos yeux, la fumée de la poudre jointe à la poussière que soulevait la cavalerie nous cachait l'ennemi.

Toutefois, nous faisions bonne contenance, lorsque nous nous aperçûmes que nos munitions étaient épuisées.

En quelques minutes le tiers du 2ᵉ bataillon avait succombé, plusieurs compagnies se repliaient déjà sur une seconde ligne, lorsque les obusiers de montagne que le général Muncd'Uzer avait placés dans une position favorable, viennent tout-à-coup, par un feu terrible, jeter l'épouvante dans les rangs de nos ennemis.

Ils fuient, ils se dispersent de tous côtés.

Alors de m'écrier :

— En avant le trentième !

— Vive le roi ! vive la France ! répond mon régiment.

Avec quelle ardeur, enfin dégagés, nous reprenons nos positions ! avec quelle rage nous nous précipitons sur les masses confuses des Turcs et des Bédouins, les poursuivant la baïonnette dans les reins ! Ils tourbillonnent, ils chancellent, ils reculent !

— En avant! toujours en avant!

Mon brave régiment, emporté par sa fougueuse impétuosité, avait poussé trop vivement l'ennemi et je me vis forcé de prendre position sur la hauteur que nous venions d'enlever.

Nous nous trouvions faire une pointe en avant de l'armée.

Les Algériens, nous voyant ainsi isolés, reprennent l'offensive et, furieux de leur échec, nous enveloppent, montent à l'assaut et fondent sur nous.

Mes hommes n'avaient plus une seule cartouche et se trouvaient trop serrés dans la mêlée pour faire usage de leur baïonnette.

Dans ce péril extrême, l'officier porte-drapeau tombe mortellement frappé; le drapeau lui échappe des mains.

Déjà, un peloton de janissaires s'avance pour s'en emparer, mais je me précipite sur notre cher étendard, je le relève, je le tiens haut et ferme et d'une voix vibrante je crie :

— Mes enfants, au drapeau!

Ce mot magique suffit pour rallier mon régiment : officiers et soldats se pressent autour de moi et jurent tous de sauver leur drapeau ou de mourir.

Un mouvement en avant de l'armée vient nous sauver.

Au moment où le général Darcine, à la tête du 29e, apparaît sur notre plateau ; au moment où l'enthousiasme est au comble, où les cris de : *Vive le* 29e! *vive le* 30e! se font entendre, je me sens frappé de deux coups de feu : une balle m'atteint en pleine poitrine, l'autre à la tête.

Je tombe, et ce n'est qu'à travers le voile qui s'étend déjà sur mes yeux que je vois l'ennemi fuir en pleine déroute et la position de Staouéli conquise.

Puis, le nuage s'épaissit, mes yeux ne distinguent plus rien et je perds complètement connaissance.

FIN.

Limoges. — Imp. E. Ardant et Cie.

www.ingramcontent.com/pod-product-compliance
Lightning Source LLC
Chambersburg PA
CBHW052117090426
42741CB00009B/1843